Biblioteca Básica de Filosofia

A filosofia, como interrogação fundamental
e primeira, é a preocupação permanente do homem.
Com o intuito de permitir o acesso desta disciplina
a camadas do público cada vez mais largas
esta colecção preenche uma etapa necessária
do conhecimento filosófico.

Biblioteca Básica de Filosofia

1 — OS PRE-SOCRÁTICOS
Jean Brun
2 — KANT
Raymond Vancourt
3 — PIAGET
Guy Cellerier
4 — PLATÃO
Gaston Maire
5 — A FENOMENOLOGIA
Jean-François Lyotard
6 — A FILOSOFIA MEDIEVAL
Edouard Jeauneau
7 — BACHELARD
François Dagognet
8 — TOMÁS DE AQUINO
Joseph Rassam
9 — A FILOSOFIA ANTIGA
Jean-Paul Dumont
10 — ARISTÓTELES
André Cresson
11 — A HISTÓRIA DA LÓGICA
Marcel Boll e Jacques Reinhart
12 — HIEGEL
Jacques d'Hondt
13 — A ESTÉTICA
Denis Huisman
14 — DESCARTES
Michèle Beyssade
15 — INTRODUÇÃO À PSICANÁLISE-FREUD
Michel Haar
16 — NIETZCHE
Gilles Deleuze
17 — GALILEU
António Banfi
18 — HUSSERL
Arion L. Kelkel e René Schérer
19 — DURKHEIM
Jean Duvignaud
20 — ESPINOSA E O ESPINOSISMO
Joseph Moreau
21 — HEIDEGGER
Pierre Trotignon
22 — CARNAP E O POSITIVISMO LÓGICO
Alberto Pasquinelli
23 — PROUDHON
Georges Gurvitch
24 — AUGUSTE COMTE
Paul Arbousse Bastide
25 — MAQUIAVEL
Georges Mounin
26 — DAVID HUME
André Vergez

David Hume

Título original: *Hume*

© Presses Universitaires de France

Tradução de Maria Manuela Ramalhinho Barreto

Capa de Fernando Camilo

Direitos reservados para a Língua Portuguesa

EDIÇÕES 70 — Av. Duque de Ávila, 69 r/c Esq.
1000 LISBOA — Telefs.: 55 68 89 - 57 20 01
Delegação no Norte: R. da Fábrica, 38-2.º, Sala 25 — 4000 PORTO
Distribuidor no Brasil: LIVRARIA MARTINS FONTES
Rua Conselheiro Ramalho, 330-340 — São Paulo

André Vergez

David Hume

edições 70

André Vergez

David Hume

edições 70

A VIDA

David Hume nasceu a 26 de Agosto de 1711 em Edimburgo, onde o seu pai exercia a profissão de advogado. Quando este faleceu em 1714, a senhora Hume retirou-se, com os seus três filhos — John, Katherine e David — para a propriedade de Ninewells pertencente à família, o domínio dos «Nove Poços» situado na pitoresca região (com as suas falésias, os seus regatos e os seus bosques) do Berwickshire. O tio de David, pastor da aldeia próxima de Chirnside, dirigiu toda a sua primeira educação. O ensino religioso que o jovem David recebeu parece ter sido particularmente austero e desastrado (o reverendo George Hume deliciava-se nos seus sermões em humilhar publicamente as jovens raparigas cuja gravidez era reveladora dos pecados carnais). A antipatia precoce de Hume pelo cristianismo vem, em parte, daí.

Contudo, o pequeno David subtraiu-se bastante depressa a esta atmosfera deprimente. Aluno do colégio de Edimburgo desde os onze anos de idade (a justo título famoso, tornando-se mais tarde universidade), aí se lhe depara um ambiente intelectual mais estimulante. Assiste às aulas de «Filosofia Natural», isto é, de física, de Robert Stewart (discípulo de Newton após ter sido cartesiano) e certamente teve presente na memória as suas aulas, quando ambicionou aplicar o método experimental à moral e à metafísica. Mas a formação de Hume no colégio foi essencialmente literária. É desta época que data o seu gosto por Virgílio e por Cícero. São os textos (designadamente o *De Natura Deorum*) onde Cícero resume os debates filosóficos entre Estóicos e Epicuristas que revelam a Hume o mundo das discussões metafísicas. Regressado a Ninewells aos quinze anos, o jovem David entrega-se com paixão à leitura dos antigos e dos modernos. Devora Montaigne, Bacon, Malebranche, Bayle, mas também Milton, Pope, Swift, Shaftesbury. Aos vinte anos de idade, já tinha enchido um enorme caderno com reflexões sobre o problema religioso, a psicologia e a história. Esta actividade intelectual efervescente, as lições de cepticismo que extrai de leituras tão diversas e um conflito com a sua família que desejava, contra sua vontade, orientá-lo para os estudos jurídicos, provocam uma crise de depressão passageira, de que encontramos testemunho num curioso rascunho de uma carta a um médico célebre (que não é, como se pensou, George Cheyne, mas o Dr. Arbuthnot). David, que apenas herdara de seu pai uma pequeníssima renda, tem a curto prazo de exercer uma profissão. Após uma breve experiência no comércio (ao serviço de um comerciante de Bristol), David Hume decide não abdicar mais da sua vocação: seria filósofo e homem de letras e queria conquistar a glória. Para poder subsistir, vai para França (onde a vida era, na época, bastante mais barata), instalando-se em Reims no hotel do *Perroquet Vert* em 1734; seguidamente, em La Fléche em Anjou, bastante perto do colégio de Jesuítas que Descartes frequentara. Aí, ele redige, ainda mal completara vinte e três anos, a sua obra prima: o *Tratado da Natureza Humana*.

Regressado a Londres em 1737, teve a sorte de encontrar um editor e a prudência (ou se quisermos, a fraqueza) de suprimir os capítulos sobre a religião (contava com a protecção do bispo Butler). Os dois primeiros volumes do tratado assim editados «saíram nados-mortos da imprensa», observaria Hume mais tarde, na sua curta *Autobiografia*. Não é totalmente verdade. De facto, a obra interessou a alguns críticos, mas não atingiu o grande público (que é o único a conferir a notoriedade). Nesta altura, Hume trava relações com Hutcheson, professor em Glasgow, que lhe apresenta o seu joven aluno Adam Smith (que permaneceria sempre amigo de Hume) e lhe encontra um editor para os dois volumes seguintes do *Tratado da Natureza Humana,* cujo sucesso não é maior. No entanto, Hume não duvida do seu valor. O seu fracasso deriva da apresentação demasiado densa e demasiado erudita da sua filosofia e não dos fundamentos desta (*more from the manner than the matter,* diria a *Autobiografia*). Hume decide então escrever curtos e brilhantes ensaios, publicando em Edimburgo, em 1741, os seus *Ensaios Morais e Políticos* (vexado pelos seus insucessos, ele apresenta, aliás, esta obra como sendo o seu primeiro livro!). Desta vez, os leitores são numerosos,

A VIDA

e Hume julga poder apresentar a sua candidatura à cadeira de Filosofia Moral da Universidade de Glasgow. A oposição dos cristãos impede a sua nomeação. Em 1746, Hume torna-se secretário particular do general Saint-Clair, um escocês seu parente afastado, acompanhando-o numa missão diplomática a Viena e a Turim. Durante a viagem, surgem os seus *Ensaios Filosóficos sobre o Entendimento Humano* (mais tarde, *Investigação sobre o Entendimento Humano*), que retomam, num estilo novo, os dois primeiros volumes do *Tratado da Natureza Humana*. Desta vez, os capítulos especificamente referentes às questões do milagre e da providência surgem publicados (1748). Uma vez regressado, Hume retoma o seu terceiro volume do *Tratado,* conjuntamente com a *Investigação sobre os Princípios da Moral* (1751). A partir daí, afirma-se a celebridade de Hume. A propósito do *Esprit des lois,* inicia uma troca epistolar com Montesquieu. E se fracassa uma vez mais na sua candidatura à Universidade de Glasgow, torna-se conservador da biblioteca da «Faculdade dos Advogados» em Edimburgo. Aí, encontra todos os documentos necessários para escrever, de 1754 a 1761, a sua monumental *História de Inglaterra,* de Júlio César a Jaime II. O primeiro volume, que trata dos reinados de Jaime I e de Carlos I, desencadeia um pequeno escândalo nos meios religiosos, não melhorando a reputação de Hume junto dos cristãos ao publicar as suas *Quatro Dissertações* (onde se incluem o *Ensaio sobre a História Natural da Religião* e o *Ensaio sobre o Suicídio*). É verdade que ele se apressou a retirar o *Ensaio sobre o Suicídio* bem como um *Ensaio sobre a Imortalidade da Alma,* a fim de os substituir por um *Ensaio sobre a Regra do Gosto.* Hume igualmente suportou com paciência as intrigas dos advogados de Edimburgo, que o censuravam por ter adquirido para a biblioteca as *Fábulas* de La Fontaine e a *Histoire amoureuse des Gaules* de Bussy-Rabutin!

Seria em França que Hume conheceria a glória. Respondendo ao apelo de lord Hertford, embaixador de Inglaterra em Paris, exerceria de 1763 a 1766 as funções de secretário da embaixada. Seria mesmo por algum tempo — quando lord Hertford foi chamado a regressar e se aguardava o seu sucessor — «encarregado de assuntos», isto é, efectivamente embaixador, graças à influente protecção da condessa de Boufflers.

Em Edimburgo, Hume inquieta, em Londres não passa de um escocês, de um intelectual de província. Em Paris, o pequeno círculo dos filósofos que leu os seus *Ensaios,* que tem conhecimento da posição de Hume face à «superstição» e ao «fanatismo», considera-o um filósofo de primeiro plano.

Muito em breve se torna amigo de d'Alembert, de Diderot, de Helvétius, do barão de Holbach. Oficialmente, Hume é decerto um deísta; num jantar com o barão de Holbach, confessa mesmo nunca ter conhecido nenhum ateu (Olhe à sua volta — respondeu o barão — a esta mesa estão quinze ateus!). Com efeito, as suas posições anti-religiosas, o seu *Ensaio sobre os Milagres,* inspiram a simpatia dos enciclopedistas que o considerarão daí em diante como um «irmão». Em Paris, é um autêntico triunfo. As senhoras mais importantes disputam entre si este quinquagenário barrigudo. A duquesa de La Vallière empenha-se em visitá-lo aquando da sua chegada a Paris, antes mesmo que ele tivesse podido mudar de roupa! Mme Du Deffand, Mme Geoffrin e Mlle de Lespinasse recebem-no nos seus «salões». Até a aparência física de Hume, bastante ingrata (é obeso, o seu rosto balofo é pouco expressivo), que pouco tempo antes lhe tinha valido, enquanto viajava por Itália com o general Saint-Clair, a troça do jovem James Caulfield, futuro lord Charlemont, bem como alguns dissabores amorosos, inspira agora simpatia. O seu rosto sem grande vivacidade, o seu marcado sotaque escocês conferem ao grande filósofo um ar bonacheirão, uma louvável simplicidade (Mme Du Deffand chama-lhe «mon cher paysan», Mme Geoffrin «mon gros drôle, mon gros coquin»). Hume voa de sucesso em sucesso, escrevendo ao Dr. Robertson, seu amigo: «como somente ambrósia, apenas bebo néctar, só respiro incenso, caminho apenas sobre flores.»

Marie-Charlotte Hippolyte de Campet de Saujeon, condessa de Boufflers e amante oficial do príncipe de Conti, havia já escrito a Hume em 1761 para lhe expressar a sua admiração pela sua filosofia «sublime». Durante uma viagem a Londres, tinha tentado encontrar-se com ele sem sucesso, já que Hume não tinha querido abandonar Edimburgo. Em Paris, ela convida-o imediatamente para as suas segundas feiras, e seguidamente, para as suas sextas-feiras mais íntimas. Parece que esta bonita mulher de trinta e cinco anos esteve um pouco apaixonada por este filósofo obeso e envelhecido. Hume considerou-a sempre como uma amiga muito querida (o filósofo escreve-lhe ainda a 20 de Agosto de 1776, cinco dias antes da sua morte, para lhe dizer que se sente perdido e lhe expressar uma última vez o seu «afecto» e o seu «respeito»), embora não pareça que as suas relações tenham alguma vez tido maior intimidade. Conhece-se mal a vida privada de Hume, mas parece que o filósofo, que permaneceu solteiro (em Edimburgo, a sua irmã Katherine tratava dos assuntos domésticos), terá sempre desconfiado das paixões amorosas, devido a antigos desgostos ou pela preocupação de preservar a sua independência e o seu trabalho.

Em 1766, o novo embaixador de Inglaterra, o duque de Richmond, chega a Paris e Hume parte de novo para Inglaterra. É aqui que se situa um dos episódios mais obscuros da vida de Hume. Desde 1761 que a condessa de Boufflers tinha, nas suas cartas, despertado o interesse de Hume por Jean-Jacques Rousseau. Durante a permanência daquele em Paris, a marquesa de Verdelin pede ao filósofo escocês que procure um refúgio em Inglaterra para Jean-Jacques. Este, expulso de Genebra, sua cidade natal, proibido de permanecer em França, perseguido pelos habitantes de Môtiers-Tavers, alvo da aversão dos enciclopedistas que o consideram um devoto, atravessa um dos períodos mais críticos da sua existência. Hume, tocado pelas desditas de Jean-Jacques, e desde logo entusiasmado pela sua simplicidade e pela sua franqueza (Rousseau é um Sócrates moderno, dirá) parte com ele a 4 de Janeiro de 1766. Chegam a Londres a 13, onde Jean-Jacques é recebido em festa, cabendo-lhe mil testemunhos de amizade por parte de Hume. Mas Rousseau, que detesta a vida social e procura a solidão, não pretende ficar em Londres senão até à chegada da sua criada e amante Thérèse Le Vasseur. De facto, é somente a 19 de Março de 1766 que ele vai para Wooton, uma casa de campo nos bosques de Derbyshire que um amigo de Hume, Davenport, tinha posto à sua disposição.

Menos de três meses bastaram para transformar a boa amizade entre Hume e Rousseau. A partir daí, Rousseau considera Hume um traidor e um homem indigno. O que é que se passou? É certo que Rousseau sempre teve um temperamento desconfiado, uma tendência para interpretações delirantes que as perseguições reais de que foi vítima não fizeram senão agravar. Já antes da chegada a Calais, na primeira noite de viagem, um curioso incidente tivera lugar. Hume, Rousseau e Luze, um amigo suíço que se deslocava a Londres em negócios, pernoitaram num hotel de Senlis, dormindo num quarto com três camas. Jean-Jacques, que não conseguia adormecer, ouviu subitamente Hume dizer várias vezes «em voz alta» e com «grande veemência»: «Je tiens Jean-Jacques Rousseau» ([1]). Não era Hume íntimo dos mais declarados ini-

---

([1]) «je tiens» contém uma ambiguidade de sentidos (ter ao alcance ou ter na mão), susceptível de provocar equívocos. (N. do T.)

migos de Rousseau, os enciclopedistas ateus, Diderot, d'Alembert e d'Holbach? Não teria movido com eles uma intriga para de algum modo fazerem de Rousseau seu prisioneiro? Após a partida, este sonho ou esta alucinação (visto que Luze não foi acordado por essas vozes veementes) colocou Rousseau em guarda.

Basta isto para se dar crédito às acusações posteriormente formuladas por Jean-Jacques? Algumas são, seguramente, delirantes. Em Londres, Rousseau exaspera-se com os elogios de Hume que tem sempre à cabeceira um volume da *Nouvelle Heloïse*. Mera hipocrisia, considera Rousseau, porque Hume não pode gostar desse romance! De facto, Hume que tem efectivamente algumas reservas em relação às ideias de Jean-Jacques, aprecia o seu romance, considerando-o a obra prima do filósofo francês (carta a Blair de 25 de Março de 1766). Mas há algo de mais grave. Hume não ignora que, em Paris, o seu amigo Walpole pregou a Rousseau uma partida de mau gosto (escrevendo e fazendo publicar uma carta convidando Rousseau, em nome do rei da Prússia, o qual lhe promete favores ou perseguições à sua escolha, já que ele parece apreciar as perseguições!). Quando Rousseau trata de fazer chegar a Londres escritos necessários à redacção das suas *Confessions,* escritos esses que haviam ficado em França, Hume propõe-lhe Walpole para intermediário! Hume ordena a instauração de um inquérito junto do banco de Rougemont sobre os reais recursos de Jean-Jacques, o qual constantemente reclamava a sua pobreza. Por outro lado, Hume quer sempre encarregar-se de expedir e ir buscar ao correio a correspondência de Jean-Jacques, enquanto este se queixa de que a sua correspondência lhe chega sempre com vestígios de ter sido aberta e novamente fechada. Hume replicará mais tarde, que se ele se encarregara da correspondência de Jean-Jacques, era porque este último, alegando a sua pobreza, não se dispunha a pagar o porte de nenhuma carta (na época era o destinatário que pagava) e que ele, David Hume, não pretendia deixar a correspondência demasiado tempo no correio, desejando subtraí-la rapidamente *from the curiosity and indiscretion of the clerks of Post-office!*

Qualquer que seja a verdade de todas estas acusações, é incontestável que Hume tem a responsabilidade de ter trazido o conflito a público, ao permitir aos seus amigos franceses editarem a *Exposição Sucinta* do seu diferendo com Rousseau, tornando, deste modo, Jean-Jacques alvo de novas troças. Este foi possivelmente o seu único erro no assunto, uma ati-

A VIDA

tude, escreverá ele a Adam Smith a 17 de Outubro de 1767, que «tanto um como outro estivemos por vezes dispostos a condenar, lamentando-a sempre». Se Hume não foi o traidor imaginado por Rousseau, talvez aqui lhe tenha faltado paciência e generosidade. Uma das fraquezas de Hume foi ter-se preocupado sempre muito com a sua reputação. E ele temia que Rousseau, nas suas *Confessions,* contasse a história à sua maneira (na realidade, a narrativa de Rousseau suspende-se antes dos acontecimentos de 1766).

Hume, graças ao seu fiel protector, lord Hertford, torna-se subsecretário de Estado em 1767. Por uma estranha reviravolta nas coisas, é ele que, entre outros assuntos, está encarregado de regular os conflitos e de decidir acerca da promoção dos pastores dessa Igreja da Escócia que, tempos antes, procurava entravar a sua carreira!

Em 1769, Hume regressa a Edimburgo, a partir daí rico e considerado. Prefere acabar os seus dias na sua cidade natal, activo centro cultural que, mais do que Londres, é a capital intelectual de Inglaterra desse tempo. Em Edimburgo, essa «Atenas do Norte», Hume reencontra, com efeito, amigos eminentes: Adam Smith, o jurista lord Kames, Ferguson, bem como adversários leais e afáveis como o teólogo George Campbell que havia redigido uma crítica ao *Ensaio sobre os Milagres,* crítica essa bastante apreciada pelo próprio Hume. Hume dedica-se à revisão das suas obras para edições seguintes, a responder a cartas, reunindo-se frequentemente com os seus amigos escoceses no Poker Club e na Select Society, clube filosófico e literário que ele mesmo havia fundado em 1754.

A sua saúde declina muito rapidamente. Sofre de cancro nos intestinos e, desde o princípio de 1776, sabe-se perdido. Em Abril, redige o seu testamento. Tem, entre os seus escritos, uma obra inédita iniciada a partir de 1751, tendo, nessa época, submetido os primeiros capítulos à apreciação do seu amigo Gilbert Elliot de Minto: *Os Diálogos sobre a Religião Natural.* Adam Smith não é muito favorável à publicação desta obra. Será então o sobrinho de Hume o encarregado desta edição póstuma. *Os Diálogos* surgirão em 1779, mais de dois anos após a morte de Hume.

Hume morreu com a maior serenidade. Na sua curta autobiografia, redigida a 18 de Abril de 1776, declara: «É difícil estar mais desligado da vida do que eu o estou presentemente». A 13 de Agosto, diz que se consola de deixar os amigos, porque *«ai de nós, apenas abandonamos moribundos,* como Ninon de Lenclos diz no seu leito de morte. Agora que ela se aproxima, a morte parece-me tão pouco terrível que me recuso a citar heróis e filósofos como exemplos de coragem. Basta o testemunho de uma mulher da vida, que não obstante, é identicamente filosófico».

Hume faleceu, livre de angústias, na tarde de domingo de 25 de Agosto de 1776, Era a véspera do seu sexagésimo quinto aniversário.

A FILOSOFIA

I — *Da «Ideia» à «Impressão»*

A filosofia inglesa do século XVIII, apaixonada pelo concreto, pelo dado, desconfiando das abstracções e das hipóteses, pretende ser simultaneamente ingénua e rigorosa; rigorosa porque ingénua, porque desejosa de permanecer fiel à experiência vivida, ao imediato.

Isto é ainda mais perceptível em Hume do que em Berkeley. A ingenuidade berkelyana não está isenta de artifícios e de pressupostos. Toda a obra de Berkeley é inspirada por preocupações apologéticas. Em contrapartida, Hume é um perfeito filósofo que aceita deixar-se conduzir até aos limites da sua reflexão, quaisquer que sejam os resultados e as consequências daí advindas. Ao discutir o problema da liberdade, salienta com firmeza que «não é correcto considerar falsa uma opinião em virtude do que ela contenha de perigoso nas suas consequências».

O radicalismo filosófico de Hume manifesta-se, em primeiro lugar, na pretensão de remontar a dados originários. O ponto de partida da reflexão filosófica encontrar-se-á então nesses dados da consciência, que Locke e Berkeley designavam, em sentido mais lato, por *ideias* e a que Hume chama *percepções*. Enquanto que Locke e Berkeley consideram ideias tudo o que constitui o conteúdo da consciência, Hume opera uma distinção importante. A primeira frase do *Tratado da Natureza Humana* diz, com efeito, que «todas as percepções do espírito humano se resumem em dois géneros distintos que designarei por impressões e ideias». Apenas as impressões são originárias; as ideias são somente «cópias das nossas impressões», reflexos atenuados das nossas sensações no espelho dos nossos pensamentos. Sumariamente apresentada, esta tese parece ser a do empirismo mais elementar. A doutrina de Hume identificar-se-ia com um sensualismo rudimentar e contenta-se-ia com retomar a célebre frase de Locke: «Não há nada no entendimento que primeiro não tenha estado nos sentidos. *Nihil est in intellectu quod non prius fuerit in sensu*».

Mas, se a examinarmos com alguma atenção, veremos que a distinção humiana entre impressões e ideias se revela bastante mais interessante e bastante mais profunda.

Em primeiro lugar, não seria correcto supor que, para Hume, o espírito fosse meramente passivo, uma «tábua rasa», uma massa mole onde se inscreveriam mecanicamente os estímulos externos. Um cego de nascença não saberia certamente, devido à falta de estímulos, fazer a menor ideia das cores. Mas, suponhamos «um homem familiarizado com todo o tipo de cores, excepto com uma tonalidade particular de azul que o acaso nunca lhe permitiu encontrar. Que se coloquem diante deste homem todas as diversas tonalidades desta cor, à excepção dessa tonalidade particular, numa gradação decrescente da mais escura para a mais clara». Tal homem, assegura Hume, «aperceber-se-á de um vazio», podendo «suprir essa falta unicamente através da sua imaginação» e «conceber a ideia dessa tonalidade particular que os seus sentidos nunca lhe forneceram». Única excepção, mas muito significativa. Isto é testemunho de um impulso da imaginação, de um dinamismo de espírito humano, de uma actividade psicológica subjectiva que, no empirismo original do filósofo escocês, é fundamental.

Além disso, a impressão não se opõe à ideia como uma sensação de origem externa se oporia a um fenómeno psicológico interior. Na realidade, Hume não se interroga sobre a origem das impressões. Para ele, as impressões são dados originários, para além dos quais não se pode remontar. Neste sentido, Hume não é, de modo algum, adversário do inatismo, e afirma expressamente: «Se se entender por inato o que é primitivo, o que não é a cópia de nenhuma impressão interior, então podemos afirmar que todas as nossas impressões são inatas que as nossas ideias o não são».

É necessário acrescentar que, ao lado das «impressões de sensação», temos as «impressões de reflexão», as quais compreendem as emoções, as paixões, todos os fenómenos de desejo e de vontade. Sem dúvida, a «maioria» das impressões de reflexão provêm indirectamente das impressões de sensação por intermédio das ideias. Por exemplo, a ideia de prazer, a ideia de dor, provocam na alma novas impressões de desejo ou de aversão. Mas fica de pé que a distinção impressão-ideia é uma distinção puramente psicológica. Ela opera-se sobre critérios internos. A impressão define-se através do que Hume designa pela sua *vividness,* pela sua *liveliness,* isto é, talvez não tanto pela sua intensidade quanto pela sua presença viva, pelo seu carácter actual. A impressão não designa então especificamente uma sensação de origem externa mas, como afirma Hume, trata-se de «uma palavra completamente nova para designar as nossas percepções mais vivas quando ouvimos, vemos, tocamos, amamos, odiamos e desejamos.»

Os filósofos limitam-se, muitas vezes, a raciocinar acerca de «ideias indistintas e obscuras». Julgam pensar e, na realidade, apenas falam. Hume convida-os então a procurar as «impressões» autênticas. Não se trata de reduzir tudo ao plano sensorial. Antes se trata duma crítica à linguagem, de um convite para reencontrar o pensamento vido, actual: «Quando supomos que um termo filosófico é usado sem qualquer sentido ou ideia correspondente, apenas temos que averiguar *de que impressão deriva esta suposta ideia.*» Ir da ideia à impressão é perguntar aos filósofos «o que é que entendem por substância e inerência»; é perguntar-lhes: «O que é que efectivamente existe?» Trata-se de «trazer as ideias para a luz», a fim de fazer desaparecer as discussões estéreis desmascarando as pseudo--ideias. O apelo à impressão significa, em Hume, como Laporte justamente faz notar, «não o preconceito do sensualismo, mas a aversão ao verbalismo». As impressões de Hume são as ideias claras de Descartes, aquelas que surgem «presentes e manifestas a um espírito atento», são os «dados imediatos» que Bergson desejará reencontrar. É notável que Husserl venha a invocar Hume, tal como Descartes, enquanto precursores do seu método fenomenológico, cujo objectivo será precisamente fazer desaparecer as hipóteses e as teorias para regressar «às coisas em si», para procurar esclarecer, desvelar *(enthüllen)* significações. O que Husserl nos pede, comenta Gaston Berger, «é regressar aos dados originários, ao que é inerente a todas as operações simbólicas e as todas as representações, mas que o próprio desenrolar dessas operações simbólicas se arrisca permanentemente a fazer-nos perder de vista. É preciso ir dos conceitos vazios, pelos quais uma ideia é apenas visada, à intuição directa e concreta da ideia, tal como Hume nos ensina a regressar das ideias às impressões.»

Reencontrar as impressões é muito simplesmente reencontrar o imediato. Como afirma Hume nos seus *Diálogos sobre a Religião Natural:* «Será necessário estabelecer o que cada um experimenta dentro de si? É apenas necessário fazer com que o sintamos, se possível de uma forma mais íntima e mais sensível.» Eis a difícil tarefa da filosofia, uma vez que essa ingenuidade que nos é pedida é, de facto, uma árdua conquista. O imediato não é imediatamente dado; é preciso reconquistá-lo, para lá dos preconceitos e das teorias, para lá das fórmulas vazias que se insinuam e se impõem, criando hábitos de linguagem que se transformam em hábitos de pensamento, ou antes, de não pensamento. O contacto com o imediato não poderia ser um ponto de partida; é o fruto e a recompensa duma crítica rigorosa.

II — *Crítica de algumas noções enigmáticas:
causalidade, probabilidade, substância*

A análise da relação de causalidade feita por Hume é, a justo título, famosa. Essa relação, onde vulgarmente se vê o princípio fundamental da razão humana, é, para um filósofo empirista, bastante extraordinária. Enquanto que uma relação de ideias como a semelhança incide sobre vários factos, todos eles dados na experiência — e que podemos então comparar sem dificuldade — a relação causal aplica-se a dois termos dos quais um está ausente: «Não há fumo sem fogo». Constato a presença do fumo e infiro daí, em nome do princípio da causalidade, que foi feito um fogo; ou então, constato que acendem um fogo e prevejo que haverá fumo. Em nome da relação causal, «ultrapasso o testemunho dos meus sentidos», prevejo o que se vai produzir, infiro algo de que não tenho experiência actual. Com que direito posso eu extrair de um dado facto uma conclusão que o ultrapassa, com que direito dá o meu espírito esse «passo em frente»? Responde-se invocando a «conexão necessária» pela qual tal facto dado produzirá infalivelmente tal outro facto. Fala-se de «poder», de «eficácia», de «qualidade produtiva». Haveria entre um facto presente e aquilo que daí é inferido uma conexão necessária de tal forma que, sendo dado o facto, o outro facto não pode deixar de se produzir. Mas donde provém a ideia de conexão necessária que é, com efeito, o motor do princípio de causalidade? Aqui é necessário, segundo o método de Hume, descobrir a impressão originária donde deriva essa ideia. Para encontrar tal impressão, é preciso realizar o que Hume designa por uma investigação, é preciso procurar essa impressão «em todas as fontes donde ela possa emanar», tal como se organiza, diz Hume, uma batida numa floresta para encontrar um objecto precioso que foi perdido.

Perguntemo-nos, em primeiro lugar, se a ideia de causa pode derivar de uma impressão de sensação.

Toda a gente pode constatar que o fumo surge quando se acende o fogo, que a ebulição se segue ao aquecimento da água, que quando uma bola de bilhar bate noutra, esta segunda bola por sua vez se move. Mas, esta constatação banal é de uma simples conjunção, de uma sucessão entre dois fenómenos. Vemos bem que o aquecimento de água precedeu a ebulição, que o movimento da primeira bola de bilhar precedeu o movimento da segunda. Mas não vemos entre estes dois acontecimentos conexão necessária. Constatamos um «e depois», não constatamos um «porque». Bem podemos examinar, virar em todos os sentidos o fenómeno que chamamos «causa»; nele não podemos descobrir a «eficácia» que produziria o efeito. Nada no movimento da primeira bola de bilhar nos dá a menor indicação acerca do movimento que se lhe vai suceder. Nenhum objecto, afirma Hume, «alguma vez nos revela através das qualidades que se mostram aos sentidos, quer as causas que o produzem, quer os efeitos que daí advêm». Nenhum efeito é determinável *a priori*. É verdade que podemos repetir a experiência, que podemos constatar centenas de vezes que o aquecimento da água provoca a ebulição. A conjunção entre os dois acontecimentos surge na nossa experiência passada como uma conjunção constante. Mas o porquê dessa ligação não nos é sempre dado. A infinita repetição de um enigma não equivale à solução desse enigma: «A simples repetição de uma impressão passada, mesmo se infinitamente, nunca produzirá uma nova ideia original como a de conexão necessária: o número de impressões não tem, neste caso, maior efeito do que se nos ativermos a uma única». A ideia de conexão necessária não pode, pois, provir, de uma impressão de sensação.

Voltemo-nos, agora, para as impressões de reflexão, isto é, para o sentimento que temos das operações do nosso espírito. Não temos a consciência imediata de sermos a causa dos movimentos do nosso próprio corpo? (É o que Maine de Biran afirmará, no começo do século XIX.) Não temos igualmente o sentimento do nosso poder eficaz sobre as nossas volições, sobre o curso das nossas ideias? (É o que defenderá W. James, no fim do séc. XIX). Mas Hume vai responder negativamente a estas duas perguntas. Temos certamente a impressão, por exemplo, de uma sucessão, de uma conjunção constante entre a nossa intenção de realizar um movimento e o próprio movimento. Constatamos que queremos e depois o movimento efectua-se. Mas, ainda aqui, os dois acontecimentos são-nos dados na experiência, sem que captemos em nós um verdadeiro «poder eficaz». Constatamos que a vontade parece ter um efeito sobre a língua ou sobre os dedos, não sobre o coração ou sobre o fígado: «Esta questão não nos embaraçaria se tivéssemos consciência de um poder no primeiro caso». O homem que acaba de sofrer uma paralisia fica totalmente surpreendido por não poder mexer uma perna. Sente o seu querer como nós experimentamos o nosso. Mas o seu querer não é seguido de qualquer efeito. O nosso querer é certamente seguido de um efeito, mas não compreendemos melhor o nosso poder do que o paralítico compreende a sua impotência. Além disso, «a anatomia» ensina-nos que o movimento apenas se produz pela acção dos ossos e dos músculos, pela acção dos «espíritos animais», que não temos qualquer consciência de desencadear. Se reflectirmos honestamente, apercebemo-nos de que o laço entre o nosso desejo e os movimentos do nosso corpo permanece tão misteriosa como se tivéssemos «o poder de deslocar as montanhas ou de controlar os astros nas suas órbitas».

O domínio do espírito sobre si próprio não é mais evidente que o seu domínio sobre o corpo. Constatamos sem compreender que os nossos pensamentos nos obedecem melhor do que os nossos sentimentos, que «somos mais senhores dos nossos pensamentos de manhã do que à noite, em jejum do que após uma refeição copiosa». «Onde está, então, o poder de que pretendemos estar conscientes?» Em todos os casos temos apenas impressões de contiguidade e de sucessão entre os acontecimentos. E, no entanto, a ideia de causalidade é algo de completamente diferente: «Um objecto pode ser contíguo e anterior a outro sem que se considere como a sua causa.» Mas esta ideia de causalidade, de conexão necessária não está de modo algum esclarecida.

Ao longo desta investigação, Hume seguiu sempre de muito perto a crítica de Malebranche. Este concluía, como se sabe, que a eficácia não está de modo algum no fenómeno abusivamente chamado causa e que apenas constitui uma ocasião. Malebranche recusa às criaturas mesmo às mais elevadas, todo o poder causal («um anjo não poderia mover uma pequena palha») e refere a causalidade a Deus apenas. Esta hipótese metafísica é, para Hume, «demasiado estranha para alguma vez suscitar por si só a convicção de qualquer homem suficientemente informado acerca da fraqueza da razão humana». Os grandes sistemas metafísicos propõem-nos uma viagem «ao país das fadas»; são ficções que ultrapassam o domínio da experiência, das impressões realmente dadas: «A nossa linha de pesca é demasiado curta para sondar a imensidão de tais abismos».

A análise de Hume vai orientar-se para um domínio completamente diferente. Vai colocar-se numa perspectiva nova que é a perspectiva psicológica. Hume exige claramente o não abandono do domínio dos factos e o único facto incontestado é, aqui, um facto psicológico. Embora a «investigação» filosófica não nos tenha facultado qualquer impressão original de causalidade, é um facto que todos nós acreditamos na causa, na conexão necessária, no poder eficaz. É pois a nossa crença que é preciso explicar. Se não temos a experiência de qualquer força eficaz imanente a um fenómeno, porque acreditamos que esse fenómeno será necessariamente seguido de um outro? Não se trata de fundamentar racionalmente o princípio de causalidade; trata-se de explicarmos a nossa crença. Para resolver o problema, Hume trata de o reduzir à sua dimensão psicológica. Não se visa tanto buscar o fundamento legítimo do princípio de causalidade, mas antes esclarecer a sua origem psicológica.

Ora, a constante conjugação dos objectos, dissemo-lo, não tem qualquer influência sobre os próprios objectos. O milésimo caso de conjunção é tão enigmático como o primeiro. Esta constante conjunção apenas tem influência sobre o nosso espírito. O hábito de ver dois objectos conjuntamente associados produz em nós uma forte tendência para esperar o segundo, se o primeiro se nos apresenta uma vez mais: «Após uma repetição de casos semelhantes, o espírito é levado, por hábito, logo que tem lugar um desses dois acontecimentos, a esperar aquele que usualmente lhe é concomitante, bem como acreditar que ele terá lugar. É a transição, o fácil deslizar da imaginação de um objecto para outro, que lhe é habitualmente concomitante, que fornece a única impressão donde deriva a ideia de ligação necessária. Por conseguinte, esta não tem qualquer carácter ontológico, mas somente um sentido psicológico: «É apenas uma impressão interior do espírito, uma determinação para dirigir os nossos pensamentos de um objecto para outro.» A causalidade não é, portanto, um princípio que rege as coisas, mas apenas um «príncipio da natureza humana». Hume afirma-o expressamente: «A necessidade é algo que existe no espírito e não nos objectos.» Hume teve clara consciência de levar a cabo algo de revolucionário através da sua análise da causalidade. Doravante, diz ele, «a ligação necessária depende da inferência em vez de ser esta a depender da ligação necessária.» Ele apercebeu-se bem de que esta inversão das perspectivas poderia parecer paradoxal e escandalosa: «O quê! A eficácia das causas encontra-se na determinação do espírito! Como se as causas não operassem de modo totalmente independente do espírito e não continuassem a operar mesmo se não existisse qualquer espírito para as contemplar e reflectir a seu respeito. O pensamento pode depender das causas para a sua operação, mas não as causas do pensamento! É inverter a ordem natural!»

Esta inversão paradoxal não deixa de ser a chave de todas as reduções psicológicas operadas por Hume a propósito de todas as ideias que são objecto da sua investigação. A noção de probabilidade é alvo de idêntico deslocamento psicológico, quer se trate de uma probabilidade confusa — quando falta convicção à inferência feita — porque a experiência passada que a determina está demasiado distante ou não se repetiu suficiente número de vezes, quer se trate de uma probabilidade «filosófica», isto é, matemática, susceptível de ser calculada: por exemplo, quando se lança um dado de seis faces, diz-se que há uma probabilidade em seis que saia uma dada face (a que tem o número três, por exemplo). Não há certamente «nada de semelhante à probabilidade no mundo», sendo a probabilidade — tal como a causalidade — uma impressão, ou mais exactamente, um impulso do nosso espírito. É somente o vigor da imaginação que, na experiência da causalidade, se dirige, por hábito, para uma única direcção, e aqui se divide em tantas tendências quantas as faces que o dado possui. Se quatro faces têm o mesmo número, sendo as outras duas diferentes, diz-se que o número das primeiras tem quatro probabilidades em seis de sair, porque «o menor impulso destrói o impulso mais forte na medida da sua própria força.»

Hume aplica o mesmo método psicológico na sua crítica à noção de substância. Vai assim ao encontro do ponto de vista de Berkeley no tocante à substância material. O senso comum acredita na existência de «substâncias», na permanência das coisas, muito embora nos apercebamos constantemente de novos objectos. Quando saio do meu escritório, deixo de ver a mesa, a biblioteca, a carpete, mas não duvido de os poder voltar a encontrar. O senso comum admite que «as percepções descontínuas estão ligadas por uma existência real de que não temos consciência». Essa biblioteca em nogueira envidraçada é algo que existe, mesmo se eu não a vejo. Contudo, uma tal afirmação, para o filósofo rigoroso, não passa de uma hipótese gratuita. A minha experiência fornece-me fenómenos descontínuos, nada mais, não sendo possível fundamentar a afirmação acerca das «substâncias». Hume substitui esta afirmação ontológica por uma simples explicação psicológica da nossa crença nas substâncias. De facto, a nossa imaginação funde as aparências semelhantes e sucessivas umas nas outras. O hábito de redescobrir constantemente os mesmos fenómenos no respectivo lugar provoca uma inevitável expectativa. Afirmar a existência da biblioteca é apenas expressar a certeza que tenho de a voltar a encontrar ao entrar no meu gabinete de trabalho. A minha imaginação desliza tão facilmente ao longo da sucessão das aparências que transforma a simples sucessão numa autêntica identidade.

Mas Hume vai bastante mais longe do que Berkeley, uma vez que alarga à noção de substância espiritual a crítica à noção de substância material. O senso comum afirma a existência de substâncias espirituais, atribui-me, por exemplo, um eu uno e idêntico, não sendo esse eu, de modo algum, uma impressão, mas aquilo a que se considera referirem-se as nossas diversas impressões ou ideias. Mas eu não tenho de facto a experiência de um tal sujeito permanente. Assisto apenas ao incessante desfile dos meus estados de consciência. Dores e alegrias, paixões diversas sucedem-se sem nunca poderem existir todas conjunta e simultaneamente. O sustentáculo de todos esses fenómenos, essa «substância» a que se chama alma ou o eu, não é literalmente senão uma invenção da nossa imaginação. Aqui, é ainda a imaginação que prolonga o impulso que a memória lhe comunica e, «como uma galera posta em movimento por meio dos remos, desliza sobre a sua rota sem novo impulso». Hábil em disfarçar a descontinuidade de todos os fenómenos, persuade-nos, ao deslizar facilmente de um estado para outro, da unidade e da substancialidade do nosso ser.

III — *Cepticismo e dogmatismo*

Estas análises permitem-nos aparentemente tomar uma posição face à eterna controvérsia acerca do «cepticismo» de Hume. Laporte inclinava-se para a tese do cepticismo absoluto outrora rejeitada por Compayré, e contestada presentemente por A. Leroy, o qual veria preferentemente na filosofia de Hume um «probabilismo».

Hume estabelece limites para o nosso saber, admitem-no todos os historiadores. Mas, onde se situam exactamente esses limites?

Hume opera uma distinção entre dois tipos de conhecimento: as relações entre ideias e os factos. As relações entre ideias (uma proposição do tipo três vezes cinco é igual a metade de trinta exprime uma relação entre esses números) apresentam a particularidade de as podermos descobrir «pela simples operação do pensamento sem depender de nada do que existe no universo.» As verdades necessárias que podemos admitir nesse domínio são verdades puramente formais, rigorosas mas vazias. As conclusões a que chegamos apenas são rigorosamente necessárias porque se limitam a exprimir a concordância do espírito com as suas próprias definições. Isso é próprio do pensamento lógico, matemático e ainda do jurídico (uma proposição como «onde não existe propriedade não pode haver injustiça», é uma proposição necessária se previamente tivermos definido a injustiça como a violação da propriedade).

As proposições relativas aos factos são muito diferentes. Se os dados imediatos, as «impressões» originárias se impõem como tais, outro tanto não pode dizer-se das conclusões tiradas a partir do raciocínio sobre os factos. O princípio de causalidade — nervo do raciocínio experimental — nada tem a ver, demonstrámo-lo, com a relação formal do princípio de consequência. Pode, pois, parecer que Hume contesta o seu valor e se mostra céptico em relação a todas as nossas induções experimentais. Deste modo, Hume inauguraria uma tradição (destinada a ter um grande êxito em Inglaterra) de lógicos cépticos, segundo a qual se pode conceber um *pensamento* verdadeiro (o pensamento lógico, puramente formal) mas não um *conhecimento* autêntico (qualquer afirmação sobre os factos devendo limitar-se à experiência imediata). Contudo, a maioria dos historiadores considera Hume um resoluto partidário do método experimental. Segundo Norman Kemp Smith, Hume apenas seria céptico em relação a tudo o que é artificial, demasiado subtil, demasiado complicado. Para Greig, trata-se de um «cepticismo com limites muito definidos. Abrange unicamente a teoria do conhecimento, a metafísica; não afecta a moral, a política, o método experimental, a vida comum».

E podemos ter presente que já Hegel, quando opunha ao cepticismo antigo (que, no fundo, é um platonismo, não duvidando dos factos concretos senão para nos levar à contemplação das ideias) o cepticismo moderno (que, pelo contrário, duvida das ideias metafísicas, mas confia no raciocínio experimentalista), propunha Hume com exemplo típico do cepticismo moderno, que apenas seria então o que hoje designamos por positivismo. Não apontou Auguste Comte, Hume, como um dos seus precursores?

E o próprio Hume se faz o apóstolo da ciência experimental. Proclama a sua admiração por Newton cuja obra genial «perdurará, triunfante, até à posteridade mais recuada». Julgamos que, longe de duvidar do método experimental, pretende generalizá-lo, aplicando-o ao que hoje em dia chamanos as «ciências humanas». O *Tratado da Natureza Humana* é expressamente apresentado como um *Ensaio para introduzir o método experimental de raciocínio nos temas morais*.

Mas, ao realizar-se, o projecto de Hume leva paradoxalmente a pôr em questão os próprios princípios que o inspiraram. O estudo da «natureza humana», e particularmente dos mecanismos da crença, apresenta-se, se se quiser, como uma psicologia positiva; contudo, esta conduz a algo diferente da confirmação e da extensão do método experimental. Na realidade, o estudo psicológico das origens da nossa crença na causalidade deita por terra o valor desse princípio de causalidade, fundamento da própria razão experimental.

A análise da causalidade em Hume não é, de modo algum, equivalente — demonstrámo-lo — a uma teoria do fundamento da indução. O princípio de causalidade reduz-se ao facto psicológico da expectativa ante um fenómeno, expectativa essa resultante de um hábito duradouro. O princípio de causalidade não pode, pois, fundamentar na razão os nossos hábitos indutivos, já que ele próprio é apenas a expressão desses hábitos. Explicar, por exemplo, com base no hábito, a nossa expectativa de que a água entre em ebulição quando a aquecemos, não é justificar a nossa expectativa. Nada prova que o futuro se assemelhará ao passado, que o sol voltará a nascer, que a água aquecida voltará a entrar em ebulição. Não há impossibilidade *lógica* de que as árvores comecem a «florescer em Dezembro e a perder a folha em Maio». O contrário de um dado facto é sempre possível, porque não implica contradição. O príncipe indiano que se recusava a acreditar nas primeiras descrições sobre o congelamento da água, não raciocinava de modo muito diferente do dos defensores do conhecimento experimental. Não tendo «nunca visto água na Noscóvia durante o Inverno», induzia, como toda a gente, a partir dos seus hábitos. Não podia acreditar na existência do gelo porque tinha «sempre visto água no estado líquido na sua própria região». Tudo se passa, com efeito, como se «o que quer que fosse pudesse produzir o que quer que fosse»; e Hume, na sua *História de Inglaterra,* esforça-se por mostrar que acontecimentos irrisórios têm muitas vezes consequências capitais.

A descoberta da significação meramente psicológica da causalidade não é apresentada por Hume como uma vitória da razão experimental, mas como uma conclusão que deita por terra o mérito do nosso saber: «Que vexame sentimos necessariamente quando compreendemos que essa conexão, esse vínculo, essa força apenas se encontram em nós, que não se trata senão de uma determinação do espírito adquirida através do hábito.» Uma tal descoberta «destrói para sempre a esperança de obter satisfação», desvalorizando tanto as induções da ciência experimental como as da vida quotidiana. «O entendimento destrói-se completamente a si próprio, não deixando o menor grau de evidência a qualquer proposição da filosofia ou da vida corrente.»

O cepticismo filosófico de Hume situa-se, como se vê, num plano muito diferente do da dúvida provisória do sábio. Acontece que o sábio se interroga demoradamente sobre a causa de um fenómeno que não sabe fazer depender do que designa por leis da natureza. Mas o sábio não duvida um só instante da validade dessas leis, ou pelo menos da existência de leis naturais, mesmo se as desconhece. Quando uma causa «não produz o seu efeito habitual», o sábio pensa que «outras causas escondidas intervieram». A dúvida do sábio só intervem sobre os fundamentos do dogmatismo, da confiança na ordem natural. O que surpreende Hume não é um dado fenómeno isolado, mas o conjunto dos fenómenos, a sua ordem habitual, apesar de incompreensível, na totalidade da natureza. A dúvida do sábio incide, como a do comum dos homens, sobre o *insólito.* A dúvida do filósofo incide, inversamente, sobre o curso *habitual* do mundo, porque o filósofo soube reconhecer no hábito um simples facto psicológico, tendo sabido libertar-se dessa magia do hábito que adormece, na maioria dos homens, a capacidade para se surpreenderem.

O cepticismo filosófico de Hume é, pois, um cepticismo absoluto que nem sequer poupa os raciocínios da vida quotidiana, sendo isso que explica o tom trágico e desesperado das páginas com que termina a quarta parte do *Tratado da*

Natureza Humana (tom desesperado esse que, evidentemente, surpreende os historiadores partidários da tese de um cepticismo moderado em Hume). Hume julga-se então «excluído de todo o relacionamento humano, completamente abandonado e sem consolo»: «Quando dirijo o olhar para mim mesmo, só encontro dúvida e ignorância», «estou assustado e confuso com esta solidão desesperada a que me encontro confinado no interior da minha filosofia».

Contudo, esse cepticismo permanece «filosófico», isto é, meramente especulativo. Não tem acção nem influência sobre a nossa prática quotidiana. Ao contrário dos mestres estóicos, de que foi ardente leitor, Hume considera que não é nem desejável, nem possível viver como se pensa. O cepticismo é a atitude meramente intelectual, puramente reflexiva de alguns momentos de especulação no gabinete de trabalho do filósofo. Mas, quando Hume, aturdido pelas suas dúvidas, abandona o seu gabinete, se detém, se reune aos amigos no clube e «joga ao tric-trac», a «natureza» «cura-o» da sua «melancolia filosófica». Após algumas horas de distracção, as especulações filosóficas de Hume parecem-lhe «tão frias, tão rebuscadas, tão ridículas que não conseguiria arranjar coragem para nelas penetrar por pouco que fosse.» O filósofo procedeu a uma crítica radical do conhecimento *(knowledge)*. Mas o homem permanece agarrado às suas crenças *(belief)*. O mecanismo psicológico que nos leva a acreditar na causalidade, ao associar a impressão viva que o facto actual nos fornece àquilo que habitualmente lhe é simultâneo, continua a funcionar na imaginação do próprio filósofo. Esse mecanismo «perpetuará a sua influência enquanto a natureza humana permanecer a mesma». Não temos a «recear que a nossa filosofia alguma vez destrua os raciocínios da vida corrente» porque, precisamente, a crença é um acto «da parte senciente e não tanto da parte pensante» do nosso ser. No fundo, a crença é um facto biológico. É «uma espécie de instinto natural» que o raciocínio filosófico não é capaz de impedir. «A natureza, devido a uma necessidade absoluta e incompreensível determinou-nos a proferir juízos como também a respirar e a sentir.» Não constatamos nós que as pessoas mais incultas, que os próprios animais sabem, de algum modo, «induzir», extrair lições da experiência? Em Hume, cepticismo e dogmatismo não se distribuem segundo as zonas do conhecimento (como se houvesse, por exemplo, um cepticismo metafísico e um dogmatismo científico), mas antes segundo os níveis da reflexão. O cepticismo reflexivo (sendo absoluto) de algum modo coexiste com um dogmatismo instintivo. Aqui encontramo-nos perto de Pascal, o qual observava que «a natureza confunde os pirrónicos» enquanto que «a razão confunde os partidários do dogmatismo». Também para Hume «a natureza conservará sempre os seus direitos e prevalecerá no final sobre todos os raciocínios abstractos». De algum modo, tudo se passa como se a natureza tivesse preferido confiar ao instinto uma função tão importante como a que consiste em prever os «efeitos» a partir das «causas». O cepticismo de Hume desemboca então, através de uma nova inversão, numa espécie de confiança irracional na natureza, essa divindade do século XVIII, autêntica «Providência laicizada». Existiria como que uma «harmomia pré-estabelecida entre o curso da natureza e a sucessão das nossas ideias», embora essa harmonia permaneça incompreensível e nos sejam «totalmente desconhecidas» as forças que governam a natureza. Seria a última palavra de Hume a afirmação de um finalismo misterioso? «Os que, diz ele, se regozijam na contemplação das causas últimas, têm aqui uma boa ocasião para manifestar a sua surpresa.» Estaria então Hume do lado do «sentimentalismo» dos filósofos escoceses, seus compatriotas, aos quais ele é normalmente contraposto? Brunschvicg não hesitava em o afirmar: «Hume deixou-se impregnar pela atmosfera de optimismo do século XVIII. A argumentação céptica dos considerandos não lhe interdita as conclusões através das quais, ao invocar a benignidade da natureza em benefício das nossas crenças espontâneas, ele se reunirá ou precederá o grosso do exército escocês!»

Todavia, esse optimismo finalista não substitui o cepticismo. Paradoxalmente, ele inscreve-se aí, fornecendo uma espécie de filosofia sobresselente para uso prático e nos momentos em que convém mais viver do que pensar. Mas o cepticismo reaparece logo que o filósofo se entrega novamente ao demónio da reflexão solitária e desinteressada. Hume não tem, por assim dizer, qualquer ilusão sobre o valor filosófico desse dogmatismo instintivo. Curiosamente, conclui que, para o filósofo céptico, «negligência e falta de atenção podem, por si só, trazer algum remédio e é por essa razão que confio inteiramente nelas».

IV — *Estética, moral, política*

Nesta parte, vamos abordar o domínio dos juízos de valor. Hume aplica-lhes o mesmo método de reflexão crítica que aos juízos de realidade referentes às *matters of fact*. Ainda aqui, qualquer afirmação com pretensões ontológicas se encontra reduzida a uma simples «crença», a uma reacção subjectiva da «natureza humana».

Aquilo a que, por exemplo, chamamos a beleza não é uma qualidade inerente às coisas. Não reside em relações objectivas. Por outro lado, Euclides não hesitou em fazer dela uma das propriedades do círculo! De facto, a beleza apenas existe no interior da alma que a contempla. É uma reacção emocional da natureza humana (tal como a ligação necessária não existia nas coisas, mas no espírito).

Mas, tornar subjectivos os valores estéticos não é diminuir o seu valor, votarmo-nos ao cepticismo? Um verá fealdade no que a outro parece beleza e, se todas as apreciações são subjectivas, «buscar a verdadeira beleza ou a verdadeira fealdade é uma investigação tão vã como pretender estabelecer o amargo verdadeiro ou o doce autêntico».

Mas o cepticismo que assim atingimos é puramente teórico. De facto, os homens concordam facilmente em relação aos valores estéticos. Todos reconhecemos, diz Hume repetidamente, que «Ogilby não tem tanto talento como Milton», (Ogilby, 1600-1676, é um fruste tradutor de Virgílio). Às grandes obras liga-se uma admiração duradoura. Todo o platonismo sobre a ideia de beleza é rejeitado. Mas o valor prático dos nossos juízos de gosto assenta sobre a uniformidade da natureza humana. O subjectivismo de Hume não põe, portanto, obstáculos ao que Laporte chamava o «dogmatismo do sentimento». Contudo, a uniformidade dos sentimentos humanos não é absoluta. Fala-se de bom e de mau gosto. Seria então necessário, afirma Hume na sua *Dissertação sobre a Regra do Gosto*, «encontrar uma regra através da qual fosse possível conciliar os diversos sentimentos dos homens ou, pelo menos, chegar a um critério que confirmasse um sentimento ou condenasse um outro». Finalmente, em matéria de gosto estético, só há que confiar em juízes competentes cuja sensibilidade ao belo é particularmente delicada, apurada por meio de uma longa experiência. Mas aí trata-se de substituir o *consensus omnium* pelo *consensus optimi cujusque*. Sem dúvida, o juízo desses *happy few* pode ser empiricamente fundamentado na confiança que o conjunto dos homens lhe concede. Mas, quando Hume reflecte, na sua qualidade de filósofo, considera esta justificação pouco convincente. De facto, falar de bom e mau gosto é corrigir o subjectivismo por meio de um finalismo discreto que permanece uma hipótese metafísica. Hume oscila entre um optimismo puramente empírico e um cepticismo reflexivo. O problema do juíz competente no quadro do subjectivismo da *Dissertação sobre Regra do Gosto* permanece uma «questão embaraçosa que parece voltar a mergulhar-nos na mesma incerteza, sendo o objectivo desta dissertação livrar-nos desta última.»

Voltamos a deparar com a mesma ambiguidade face ao modo como Hume pretende resolver o problema moral. O bem e o mal não constituem relações objectivas. Não podemos fundamentar os nossos deveres em qualquer princípio que existisse por si só. A vontade divina, por exemplo, tal como ela pode ser conhecida pela filosofia, não pode justificar a condenação do suicídio. Diz-se vulgarmente que a Providência não concede aos homens o direito de dispor da sua vida. Mas aí trata-se de má argumentação. Com efeito, tudo o que se passa no universo, sem excepção, «pode ser atribuído à acção do Todo-Poderoso», uma vez que tudo dele provém por intermédio dos poderes de que dotou as suas criaturas. «Uma casa que por si só se desmorona não é nem mais nem menos destruída pela Providência do que se ela for destruída pelas mãos humanas.» Nada escapa às leis da natureza. As consequências dos nossos juízos, das nossas paixões, as tempestades, as inundações, as epidemias são igualmente efeitos da Providência. O homem que se mata não perturba, portanto, a ordem do universo, mas exprime-a. Se dispor da vida humana estivesse reservado à acção particular do criador, «seria tão criminoso salvar uma vida como destruir uma outra». Quando nos colocamos na perspectiva ontológica, não podemos, pois, condenar mais o suicídio do que o homicídio. Isso não o diz Hume, embora seja uma consequência lógica; e o *Ensaio sobre o Suicídio* faz recordar os raciocínios do marquês de Sade, o qual justifica o seu imoralismo através de uma «chantagem ontológica» do mesmo estilo.

A «razão» laicizada, tão cara a certos filósofos do século XVIII, já não pode fundamentar a moral. Porque a razão pura, se esclarece a relação entre meio e fim, não fornece qualquer fim por si só: «Se uma paixão não se baseia numa falsa suposição, e se não escolhe meios inadequados para atingir os seus fins, o entendimento não pode nem justificá-la, nem condená-la. Não é contrário à razão que eu prefira a destruição do mundo inteiro a um arranhão no dedo mínimo.» Os moralistas racionalistas (do tipo de Clarke) passam subrepticiamente dos juízos de realidade (quer se trate de afirmações metafísicas ou de outras) aos juízos de valor. Tratemos de ler as suas

obras: repentinamente, diz Hume, em vez da forma verbal *é*, que era habitual nas suas proposições, «apenas encontramos proposições nas quais a ligação entre o sujeito e o resto da frase é feita através de *deve* ou *não deve*.» E este gesto de prestidigitação não é justificado de nenhuma forma.
Onde se situa, então, a génese do juízo moral? Unicamente nos nossos sentimentos, nas nossas reacções subjectivas. «A moral é verdadeiramente mais sentida do que julgada». Uma acção, um sentimento, uma pessoa são declarados «viciosos» ou «virtuosos». Porquê? Porque a visão ou a narração de um dado acto provoca em nós «um dado prazer ou um dado mal-estar específicos». Experimentamos um sentimento de aprovação ou de desaprovação. O juízo ético, tal como o juízo estético, fundamenta-se nas tendências específicas da natureza humana. O reconhecimento da subjectividade absoluta inerente ao juízo ético, do seu relativismo, não é, de modo algum, como A. Leroy faz notar, uma «anulação da moral». A redução psicológica da ideia de causa não nos impedia de acreditar na causalidade. A redução psicológica da ideia de bem ou de mal não pode perturbar-nos; em primeiro lugar, porque «não podemos modificar os nossos sentimentos pessoais tal como não estamos habilitados para modificar o movimento dos céus»; seguidamente, porque a uniformidade da natureza humana (tema muito caro a Hume, sabemo-lo) confere aos nossos sentimentos éticos uma notável universalidade. Salientemos aqui que Hume de modo algum ignora a diversidade dos costumes e dos hábitos, a multiplicidade das civilizações no espaço, a sua evolução no tempo. Aí não se trata de uma descoberta dos sociólogos posteriores. Montaigne — que Hume tinha lido — havia insistido largamente nesse tema e o próprio Hume o retoma no *Diálogo com Palamedes*. Em muitos aspectos, a moral dos antigos Gregos parece opor-se à dos Europeus do século XVIII. Mas, há sentimentos permanentes (nenhum povo alguma vez elogiou a cobardia ou a deslealdade). E as divergências éticas representam, na maioria das vezes, aplicações diversas, em diferentes situações, dos princípios uniformes da natureza humana. A prática do abandono dos recém-nascidos, que revolta a consciência moderna, não excluía sentimentos de compaixão: a morte era, então, considerada menos terrível do que a miséria.
Todavia, Hume não ignora que uma fundamentação meramente empírica da moral é mais uma explicação psicológica do que uma justificação filosófica. Se falo com um homem

pouco honesto, admite Hume, acerca do «contentamento interior que resulta de acções louváveis e humanas, do prazer delicado do amor e da amizade desinteressados, ele poder-me-á responder que se trata de prazeres para quem é capaz de os sentir, mas que, quanto a ele, se encontra num estado de espírito e numa disposição completamente diferentes. A minha filosofia não fornece qualquer remédio para um caso como este.» Os heróis do marquês de Sade não falam de outro modo acerca da moral do sentimento. E, se a partir de considerandos cépticos, Hume se esforça sempre por chegar a conclusões tranquilizadoras, podemos perguntar-nos em que medida, ao desejar persuadir o leitor, ele consegue convencer-se a si próprio. Tendo escrito: «Quando se declara que uma dada acção é viciosa, quer-se simplesmente dizer que, sendo dada a constituição particular da sua natureza, se experimenta um sentimento de desaprovação quando se assiste à dita acção», Hume, numa carta de 16 de Março de 1740, submete o seu texto à apreciação de Hutcheson, perguntando-lhe se não é perigoso exprimir-se nesses termos. É interessante notar, que, no livro III do *Tratado da Natureza Humana* que surge editado por Thomas Longman nos finais de 1740, a palavra «particular» desaparece desse texto. Aqui, Hume apagou literalmente o problema, não conseguindo resolvê-lo.

Encontrar-se-iam idênticas oscilações no pensamento político de Hume. A sua reflexão crítica conduzi-lo-ia a soluções revolucionárias ou, pelo menos, liberais. Tal como para Pascal, também para ele as «honras do poder estabelecido» não são dignas de respeito. É bastante «raro encontrar uma linhagem de reis ou uma forma de república que não se baseie originariamente na usurpação e na violência». A ciência histórica despreza o tradicionalismo, tal como a psicologia desmistifica a causalidade. E no entanto, na prática, «não há máxima mais conforme à prudência do que submetermo-nos pacificamente ao governo que encontramos estabelecido no país onde acontece estarmos a viver». A crítica especulativa desemboca, na prática, no conservadorismo. Também aqui o pensamento é uma coisa e a vida outra. Pensemos como os *whigs*, mas votemos nos *tories*! ([1]).

([1]) *Whigs* e *tories* designam os partidários de cada um dos dois partidos políticos de peso na Inglaterra do séc. XVIII, sendo os primeiros liberais e os segundos conservadores (N. do T.)

A FILOSOFIA

V — *O problema religioso*

Ao estudarmos as reflexões de Hume sobre a religião, voltamos a encontrar a distinção essencial — trazida à luz na análise da causalidade — entre a questão do fundamento e a da génese. Uma questão é saber se a ideia de ligação necessária é ou não fundamentada na razão. Uma outra questão é saber porque é que, de facto acreditamos na ligação necessária; esta última questão substitui a busca filosófica do fundamento pela investigação psicológica sobre a génese. Ambas as questões igualmente se colocam a propósito da afirmação religiosa. Logo no início da sua dissertação sobre a *História Natural da Religião*, Hume declara que qualquer investigação sobre a religião se deve consagrar à resolução de duas questões — a do fundamento da religião *(its foundation in reason)* e a das suas bases psicológicas *(its origin in human nature)*. A primeira incide sobre os testemunhos filosóficos da existência de Deus (designadamente, para Hume, a prova da existência de Deus com base nas maravilhas da natureza); a segunda, sobre as origens psicológicas da crença religiosa. A primeira questão seria tratada nos *Diálogos sobre a Religião Natural;* a segunda, feita objecto da *História Natural da Religião*. É pouco dizer que as duas questões são distintas, que, segundo os filósofos, os motivos pelos quais deveríamos acreditar, são diferentes das causas pelas quais a maioria dos homens efectivamente acredita. O filósofo, para testemunhar a existência de Deus, invoca a ordem natural, o encadeamento dos fenómenos, admirável na sua regularidade, a perfeita harmonia entre os diversos órgãos nos seres vivos. Tudo isso deixa indiferente o comum dos homens: «Quanto mais a natureza é regular e uniforme, tanto menos eles a desejam questionar.» O hábito oculta o enigma do mundo, abafa qualquer inquietação filosófica. Pelo contrário, a desordem, os acidentes, as catástrofes não previstas é que fazem com que os homens questionem os poderes celestes. Os jogadores, os marinheiros, os quais a todo o momento dependem do acaso, são os homens mais devotos. As doenças, a desgraça, a morte fazem-nos «dobrar os joelhos mais facilmente» do que os acontecimentos felizes. Em resumo, «o que, para um espírito penetrante, se torna uma das maiores objecções contra a existência de um Ser supremo, é, para o homem comum, o único argumento a seu favor.»

A crença em Deus, como todas as outras crenças, tem a sua origem na «natureza humana», nas nossas paixões de medo e de esperança. Esse «psicologismo» faz da *História Natu-*

ral da Religião uma obra muito original na época. Para Hume, o politeísmo não só é o ponto de partida da crença religiosa em todos povos (e não da degradação de um pretenso monoteísmo originário), como ainda de modo algum depende da psicologia intelectualista que vulgarmente se lhe atribuía; os deuses — benéficos ou maléficos — dos povos primitivos não são tanto princípios explicativos das coisas como a projecção, no céu, das nossas angústias e das nossas esperanças.

A este politeísmo de origem psicológica opõe-se, contudo, o deísmo racionalista do filósofo. Enquanto que o povo «nunca ascende aos céus através da contemplação», a ideia de uma «Causa Inteligente» do Universo impressiona o filósofo «como uma evidência bastante convincente». Hume afirma-o repetidamente na *História Natural da Religião*. Será preciso ver nessas afirmações uma precaução verbal, uma habilidade por parte de Hume, que tem assim a esperança de fazer aceitar as suas audaciosas análises psicológicas e históricas da religião popular? Ou é Hume um deísta sincero?

Para tentar responder a esta pergunta, é necessário examinar de perto os *Diálogos sobre a Religião Natural*. A obra tinha parecido bastante corrosiva aos raros amigos a quem o filósofo a tinha confiado. Blair pensava que teria sido melhor destruí-la; Adam Smith recusou, como se sabe, assumir a responsabilidade da sua publicação póstuma. A obra apresenta-se como sendo a narração pelo jovem Pânfilo — aluno do filósofo Cleantes — de uma série de discussões entre três personagens: Cleantes, resoluto deísta, adepto do testemunho da existência de Deus enquanto causa última do universo; Fílon, o céptico; Demeias, místico anti-racionalista. É evidente, embora os historiadores de Hume nem sempre o tenham notado, que este livro se inspira no *De Natura Deorum* de Cícero, longa discussão entre Cota, Veleio e Balbo sobre as concepções epicurista e estóica da divindade. Hume reproduz não apenas a forma do diálogo como ainda muitas ideias de Cícero. Antes de Hume, Cícero declara: «Diverge-se acerca da natureza dos Deuses, ninguém nega a sua existência.» O herói deísta chama-se Cleantes como o mestre estóico. Como ele, rejeita o acaso epicurista e insiste na evidência da Providência.

Quem é nesses diálogos o porta-voz de Hume? Pânfilo, no final da obra, diz que Cleantes tem razão. Mas Pânfilo não é Hume e é o jovem discípulo de Cleantes. Muito naturalmente, tira conclusões favoráveis ao seu mestre! O próprio Hume deu longas explicações acerca do sentido da obra numa longa carta de 1751 ao seu amigo Gilbert Elliot of Minto. Confessa-

-lhe que, antes de ter vinte anos, tinha escrito um volumoso manuscrito acerca do problema religioso, seguidamente queimado e cuja essência deve ter transposto para os *Diálogos*. «Começava por uma ansiosa busca dos argumentos susceptíveis de confirmar o senso comum. Depois, as dúvidas surgiam; tendo sido dissipadas... voltavam de novo.» Ora, a forma do diálogo é a que melhor convém a um pensamento hesitante. Hume escreveu a um amigo, dizendo-lhe que «quis evitar esse erro comum que consiste em apenas colocar disparates na boca dos adversários». Ele acrescenta que é verdade que Cleantes é o herói do livro, e pede a Gilbert Elliot para lhe indicar, após leitura do manuscrito dos *Diálogos*, «todos os pensamentos que lhe ocorram para fortalecer a posição de Cleantes». Mas, aí trata-se de uma observação *ad hominem*, porque precisamente as opiniões filosóficas de Elliot eram tais que, se se representassem os *Diálogos*, este último «poderia muito bem desempenhar o papel de Cleantes». E Hume acrescenta — o que é relevante — «pela minha parte, reservar-me-ia o papel de Fílon que, admita-o, eu poderia desempenhar com bastante naturalidade.» E, apesar de Hume ter escrito mais tarde a Balfour que «se esforçou por refutar o céptico Fílon», isso não impediu que ele tivesse dado ao filósofo céptico o melhor quinhão nos *Diálogos*. Como observa J. Y. T. Greig: «Os discursos de Cleantes ocupam trinta e cinco páginas, os de Fílon, que deve ser refutado e reduzido ao silêncio, ocupam cento e catorze.»

Todavia, o testemunho da existência de Deus enquanto causa última não deixa de impressionar Fílon-Hume. É o testemunho preferido dos deístas do século XVIII. O seu optimismo naturalista reflecte-se aí complacentemente. O próprio Kant, alheio a qualquer naturalismo, considerará igualmente esse argumento como «respeitável». Hume tinha-o descoberto bastante cedo no *De Natura Deorum*. O filósofo estóico a quem Cícero dá a palavra, contesta ante os epicuristas, que «este mundo tão rico e tão belo» possa resultar de uma convergência casual de átomos: «Se se acredita nisso, porque não se pensaria igualmente, que lançando ao acaso, sem fazer qualquer contagem, as vinte e uma cartas, dessas cartas atiradas ao chão poderiam resultar os *Anais* de Énio, de modo que pudessem depois ser lidos? Não sei se o acaso poderia sequer existir mesmo numa única linha que fosse». O Cleantes de de Hume retoma incansavelmente este argumento. A estrutura de uma flor, a anatomia do mais pequeno animal oferecem inúmeros e mais incisivos testemunhos de um desígnio original do que uma habitação construída por um arquitecto ou do que um livro de Tito-Lívio ou de Tácito. Assim como um livro é o produto da inteligência humana, o «cuidadoso ajustamento das causas últimas» é uma linguagem no interior da qual facilmente podemos decifrar a intenção de um Criador soberanamente inteligente.

Mas Fílon, por um momento confundido, submete esse testemunho a uma crítica cerrada. Falta rigor ao raciocínio analógico que nos leva a explicar a criação do mundo material através de uma Inteligência suprema, idêntica à inteligência humana, embora infinitamente superior. A natureza no seu conjunto é, apesar de tudo, demasiado diferente das criações do engenho humano para que esse raciocínio seja decisivo. «O mundo no seu conjunto assemelha-se mais claramente a um animal ou a um vegetal e não tanto a um relógio ou a um tear». E o que é que se ganha com explicar a ordem da matéria através da obra de um espírito? Sem dúvida, a organização das partes de uma casa testemunha a inteligência do arquitecto. Mas o modo como as ideias se organizam no espírito do próprio arquitecto permanece um enigma. A inteligência humana supõe organização, mas não constitui a chave desta última. A ordem não é explicável através de um desígnio, embora o próprio desígnio suponha uma dada ordem. Dir-se-á que Deus é precisamente a explicação última desse enigma. Mas, inventar um Deus duplica o enigma, em vez de o resolver. Se a ordem do mundo se explica através da inteligência divina, seria necessário explicar como é que as ideias se ordenam no interior dessa inteligência suprema. E se alegarmos que «as ideias que constituem a razão do Ser supremo se ordenam por si próprias e de acordo com a sua própria natureza», podemos igualmente dispensar esse Deus e dizer que «as partes do mundo material se ordenam por si próprias e de acordo com a sua própria natureza». Não é mais esclarecedor explicar a matéria através do espírito do que o espírito através da matéria: «A matéria pode conter originariamente em si a génese da ordem como também o espírito.»

E depois, de que serve maravilharmo-nos face à extraordinária adequação dos órgãos nos animais e nas plantas? «Gostaria muito de saber como é que um animal poderia subsistir, se os seus órgãos não estivessem adaptados.» Aqui, Hume anuncia Augusto Comte e Darwin. O princípio das «condições de existência» substitui o princípio da causa última. A selecção dos mais aptos, é de algum modo, automática e não resulta de um desígnio: «Muitos mudos poderão ter sido desperdi-

çados ao longo de uma eternidade, antes de esse sistema ter sido trazido à luz.» Contudo, Fílon admite que a sua refutação é subtil e rebuscada. Diante da simplicidade do argumento teleológico, confessa que «todas as objecções parecem subtis e meros sofismas».
Concedamos a Cleantes que o universo dá testemunho de uma finalidade. Unicamente (e é aqui que Fílon entra em vantagem) essa finalidade nada tem a ver com o que se designa por Providência. Os delicados artifícios da natureza não parecem ter por objectivo senão tornar «mais penosa a vida de qualquer ser vivo». As espécies animais e vegetais foram dotadas de armas ofensivas e defensivas, perfeitamente adaptadas para a luta de todos contra todos. A criação é o teatro de uma perpétua carnificina: «Qualquer animal está rodeado de inimigos que incessantemente buscam o seu infortúnio e a sua destruição.» O próprio homem está sempre sob a ameaça das doenças, das imundações e dos tremores de terra. As páginas eloquentes que Hume, na segunda parte dos *Diálogos,* consagra à questão do mal, fazem-nos pensar nesta observação de Léon Brunschvicg: se o Deus criador «é um Deus artista, não o é no sentido neroniano do termo»? Todas as justificações filosóficas do mal são irrelevantes; diz-se que a dor constitui um aviso; mas, uma autêntica Providência facultou aos seres vivos sinais menos castastróficos; sustenta-se que o mal resulta inevitavelmente, a título acidental, das leis gerais da criação; mas uma providência complacente não recusou agir por intermédio das vontades particulares. Porque são então as forças dos seres vivos tão estritamente restritas? Em resumo: a supor que os ventos, as chuvas, a distribuição do calor e do frio resultam de uma vontade complacente, porque é que esses «meios de acção» muitas vezes surgem «desordenados», conduzindo à destruição das vidas que eles supostamente deveriam proteger?
Se Deus é bom, não é todo-poderoso; se é todo-poderoso, não se pode falar da sua bondade. O velho argumento de Epicuro permanece irrefutável. Sem dúvida, se algures tivéssemos as provas indubitáveis da existência de um criador soberanamente bom, poderíamos aplicar-nos a demonstrar que a existência do mal no universo não é incompatível com a Providência. Mas não conseguiríamos inferir de modo evidente a bondade de Deus a partir do espectáculo do universo. Este, considerando-o sem preconceitos, «não evoca senão a ideia de uma natureza cega, impregnada de um grande princípio vivifi-

cante, deixando cair do seu regaço, sem distinção ou desvelos maternais, os seus filhos estropiados e mal sucedidos».

De qualquer modo, a crítica do princípio de causalidade, tema fundamental da filosofia de Hume, não retirou antecipadamente valor a todas as provas da existência de Deus? Vimos que a inferência causal é apenas um hábito oriundo da nossa experiência passada. Ora, Deus não é um dado da experiência. É uma causa inventada, não uma causa observada. Hume recorda, nos seus *Diálogos,* a descoberta fundamental das obras anteriores: «Não há ser cuja inexistência implique contradição? Consequentemente, não há ser cuja existência seja demonstrável.»

Se nos detivermos aí, torna-se necessário concordar que o cepticismo de Hume está muito próximo do ateísmo. Mas, as discussões entre Fílon e Cleantes não devem fazer-nos esquecer as estranhas relações entre Fílon e Demeias. O céptico e o «místico» estão sempre de acordo para criticar o racionalismo e o optimismo de Cleantes. Sem dúvida, Hume parece querer mostrar, não sem certo humor, que o místico é «um ateu sem o saber». Falar como Demeias na «natureza adoravelmente misteriosa de Deus», ou dizer como Fílon que Deus não é passível de ser conhecido, não vem dar no mesmo? Mas, nas últimas páginas do livro, vemos que é Fílon, que precisamente ao contrário, vai ao encontro do ponto de vista de Demeias. O cepticismo, ao humilhar, o dogmatismo orgulhoso da razão natural, não nos prepara, pois, para aceitar a revelação? O cepticismo filosófico não é, então, um preliminar para a fé? «Uma pessoa assolada por um sentimento justo das imperfeições da razão natural, diz Fílon, desejará a verdade revelada com a maior avidez... Ser um filósofo céptico é, num homem letrado, o primeiro passo — e o mais essencial — para se tornar um verdadeiro cristão, um crente.» Não é nesse sentido que Hume interpretava as palavras de Bacon, ao qual cita de boa vontade: «Um pouco de filosofia afasta-nos da religião, bastante filosofia aproxima-nos dela»? Aqui não podemos impedir-nos de pensar em Pascal: «O cepticismo serve a religião.» Pensemos, por exemplo, que, enquanto Kant escrevia em 1780 a sua *Crítica da Razão Pura,* Hamann enviou-lhe um trabalho sobre os *Diálogos* de Hume, na esperança de que a crítica a Deus dos filósofos dispusesse Kant a aceitar o Deus da revelação cristã.

Possivelmente, objectar-se-á que o apelo à revelação em Hume não é senão ironia e malabarismo. Hume é severo face ao cristianismo. Pensando na sua própria infância, recorda as críticas que Maquiavel — precursor de Nietzsche neste ponto — dirigia à educação cristã, a qual, ao insistir nas mortificações, na penitência e na obediência, desencoraja a energia e enfraquece a *virtú*. Hume detesta os padres — pelo menos, tanto como os Ingleses — (o que, para um escocês de boa cor, não é dizer pouco). Na sua *História de Inglaterra,* condena o autoritarismo clerical e o fanatismo. E o que é mais importante, no seu *Ensaio sobre os Milagres,* ridiculariza a fé na ressurreição de Cristo, sob um truque de dissimulação fácil de perceber («Suponham que todos os historiadores que estudam a Inglaterra concordam em que a 1 de Janeiro de 1600 a rainha Isabel faleceu... e que, após um mês de inumação, reapareceu, reocupou o trono e governou a Inglaterra durante três anos»). Hume rejeita os milagres em nome da causalidade física, explicando a crença no milagre através das paixões da natureza humana, através da causalidade psicológica. Mas, precisamente, quando se sabe o que Hume pensa acerca do princípio de causalidade (simples hábito mental sem valor racional), pode considerar-se que a sua crítica ao milagre, a qual não ultrapassa a perspectiva psicológica (humanamente é pouco possível acreditar no milagre), não é a sua última palavra. Uma ressurreição, dizia Pascal, não é nem mais nem menos enigmática do que um nascimento; apenas o hábito nos torna uma crível e a outra impossível, «de acordo com o senso comum». E o prório Hume, no final do *Ensaio sobre os Milagres* admite a possibilidade desse milagre interior que é a fé do crente, «contínuo milagre no interior da sua própria pessoa, que lhe fornece uma determinação para acreditar no que é mais contrário ao hábito.» O ensaio sobre a *Imortalidade da Alma* termina de modo idêntico. E Fílon, no final dos *Diálogos,* exclama: «Prouvera ao Céu diminuir a nossa profunda ignorância, oferecendo à humanidade alguma revelação particular». Pura e simples ironia, dir-se-á; mas que atinge a filosofia do próprio Hume, uma vez que um empirista consequente não pode levantar objecções contra esse facto, contra essa experiência íntima, vivida, de uma revelação particular! Seguramente, Hume nunca afirma ter recebido semelhante revelação, Aí, há pelo menos uma saída possível, uma porta que a sua crítica impiedosa deixa entreaberta.

A OBRA

I. *Obras publicadas durante a vida de Hume*

A treatise of Human Nature (1739-1749, 3 vols.).
Essays moral and political (3 vols., 1741-1742, 1748).
Philosophical essays concerning Human Understanding (1748; a partir de 1758 o termo *Inquiry* substitui *Philosophical essays*).
An Inquiry concerning the principles for Morals (1741)
An Inquiry concerning the principles of Morals (1751).
Political discourses (1752).
The History of Great Britain (1754-1757).
Four Dissertations: I. *The natural history of Religion;* II. *Of the passions;* III. *Of tragedy;* IV. *Of the standard of Taste*(1757). Em 1755, Hume tinha remetido ao editor as três primeiras dissertações, bem como uma quarta, consagrada às matemáticas e à física. A conselho de um amigo matemático, Hume retirou-a e substituiu-a por duas dissertações: *On suicide* e *On the immortality of soul.* Quando esses dois ensaios já estavam à venda, Hume retirou-os e substituiu-os por uma única dissertação: *Of the standard of Taste.*
The history of England (1759 I 1767).
Exposé succint de la contestation qui s'est élevée entre M. Hume et M. Rousseau (1766).

II. *Obras póstumas*

The life of David Hume written by himself (1777).
Two essays (On suicide e The Immortality of the Soul) (1777).
Dialogues concerning Natural Religion (1779).

A OBRA

J. H. Burton, *Life and Correspondance of David Hume*, Edinburgh, 1846, 2. vols.
J. Y. T. Greig, *The letters of David Hume*, Oxford, 2 vols., 1932.
R. Klibansky e E. C. Mossner, *New letters of David Hume*, Oxford, 1954.
Lembremos ainda a existência de uma edição inglesa clássica compreendendo toda a obra *filosófica* de Hume: *The philosophical works of David Hume*, ed. T. H. Grene and T. H. Grose, London, 1874-1875, 4 vols. Redição, Aalem, 1964.

III. *Traduções francesas*

Oeuvres philosophiques choisies (*Enquête sur l'entendement, Traité de la nature humaine, Dialogues de la religion naturelle*) traduzidas por Maxime David com prefácio de Lévy-Bruhl, Paris, Alcan, 1912. A tradução de Maxime David dos *Dialogues sur la religion naturelle* foi reeditada em 1964 por J.-J. Pauvert na colecção «Libertés» com uma introdução e notas de Clément Rosset.
Traité de la nature humaine, prefaciado e traduzido por André Leroy, Éditions Aubier (1.ª ed., 1964), 2 vol.
Enquête sur l'entendement humain (trad. Leroy, Aubier, 1947).
Enquête sur les principes de la morale. Les quatre philosophes (trad. Leroy, Aubier, 1947).
Existe uma tradução francesa de 1788 das quatro dissertações (*L'histoire naturelle de la religion, Les passions, La tragédie, La règle du goût*). Uma nova tradução das obras de Hume está para ser brevemente editada.

EXTRACTOS

1) *Ideias e Impressões*

Cada um concordará de boa vontade que há uma diferença considerável entre as percepções do espírito quando se sente dor devido a um excesso de calor ou prazer ante uma temperatura moderada, e quando, seguidamente, se evoca esta sensação por intermédio da memória, ou quando ela se antecipa através da imaginação. Essas faculdades podem imitar ou copiar as percepções dos sentidos, mas nunca podem atingir a força e a vivacidade da sensação original. Quanto muito diremos que, mesmo quando elas actuam com o maior vigor, representam o seu objecto de uma forma tão viva que quase podemos dizer que o tocamos ou o vemos; mas, excepto se o espírito estiver perturbado pela doença ou pela loucura, elas nunca podem chegar a um tamanho grau de vivacidade a ponto de essas percepções se tornarem completamente indiscrimináveis. Todas as cores da poesia, apesar do seu esplendor, nunca podem pintar os objectos naturais de tal modo que se possa tomar a descrição pela paisagem real. O mais vivo pensamento é ainda inferior à sensação mais ténue.

Podemos observar que uma distinção análoga igualmente se constata em todas as outras percepções do espírito. Um homem num acesso de cólera encontra-se numa disposição de espírito muito diferente daquele que se limita a pensar nesta emoção. Se me disserem que uma dada pessoa está apaixonada, compreendo facilmente o querem dizer e formo uma ideia precisa do estado em que se encontra essa pessoa; mas não tenho razões para tomar essa ideia pelas agitações e desordens reais provocadas pela paixão. Quando reflectimos acerca das nossas afeições e dos nossos sentimentos passados, o nosso pensamento é um espelho fiel, copiando os seus objectos com autenticidade; mas as cores que utiliza são pálidas e ténues, comparativamente às que vestem as nossas percepções originais. Não é necessária uma reflexão meticulosa ou um espírito metafísico para assinalar a diferença que existe entre umas e outras.

Eis, portanto, que podemos dividir todas as percepções do espírito em duas categorias ou espécies, as quais se distinguem pelos seus diferentes graus de intensidade e de vivacidade. As menos intensas e menos vivas são vulgarmente designadas por *pensamentos* ou *ideias*. A outra espécie não tem designação na nossa língua bem como na maioria das outras línguas; suponho que isso é assim, porque não é necessário, excepto no âmbito filosófico, ordená-las sob uma designação ou um termo genérico. Tomemos então a liberdade de lhes chamar *impressões,* empregando esse termo num sentido que difere um pouco do habitual. Pelo termo *impressão,* entendo então todas as nossas mais vivas percepções quando ouvimos, vemos, tocamos, amamos, odiamos, desejamos ou queremos. As impressões distinguem-se das ideias, que são as percepções menos intensas de que temos consciência quando reflectimos acerca de uma das sensações ou acerca de um dos movimentos que acabo de referir.

...Eis, portanto, uma afirmação que não somente parece simples e inteligível em si mesma, mas que, se dela fizermos uso adequado, pode igualmente tornar inteligível qualquer discussão, acabando com toda essa linguagem complicada que por muito tempo se apoderou dos raciocínios metafísicos, desacreditando-os. Todas as ideias, especialmente as ideias abstractas, são por natureza indistintas e obscuras; o espírito apenas tem um fraco poder sobre elas; é levado a confundi-las com outras ideias semelhantes; quando empregámos muitas vezes um dado termo, mesmo sem lhe atribuir um sentido claro, somos levados a imaginar que uma determinada ideia lhe está associada. Em contrapartida, todas as impressões, isto é, todas as sensações externas e internas são vivas e intensas; os seus limites encontram-se delineados de modo mais exacto; não é fácil cair no erro ou em equívoco a seu propósito. Quando supomos então que um termo filosófico é utilizado sem qualquer sentido ou ideia correspondente (como demasiado frequentemente se faz), temos apenas que procurar *de que impressão deriva essa suposta ideia*. Se não conseguirmos designar uma, isso servirá para confirmar a nossa suspeita. Ao trazer as ideias para uma luz igualmente nítida, podemos ter a esperança legítima de dissipar qualquer discussão que poderia surgir — a propósito da sua natureza e da sua autenticidade. *(Investigação sobre o Entendimento Humano,* secção II.)

2) *Origem da ideia de causalidade.*

Suponham que um homem, não obstante dotado das mais poderosas faculdades da razão e da reflexão, é subitamente transportado para este mundo; certamente, notaria de imediato uma contínua sucessão de objectos, um acontecimento seguindo-se a outro; mas, seria incapaz de se aperceber de algo diferente. Em primeiro lugar, seria incapaz de chegar à ideia de causa e de efeito através de qualquer raciocínio, porque as capacidades específicas que realizam todas as operações naturais nunca são evidentes para os sentidos; e não é *legítimo* concluir, somente porque um acontecimento precede um outro numa única ocasião, que é causa e o outro, efeito. A sua ligação pode ser arbitrária e acidental. Não há razão para inferir a existência de uma a partir do aparecimento do outro. Em resumo: um homem como esse, sem outra experiência, nunca faria conjecturas ou raciocínios acerca de qualquer questão de facto; não estaria seguro de nada excepto do que está imediatamente presente à sua memória e aos seus sentidos.

Suponham ainda que este homem adquiriu mais experiência e viveu tempo suficiente no mundo para ter observado a ligação constante entre objectos ou acontecimentos habituais; que resulta desta experiência? Ele infere imediatamente a existência de um dos objectos e o aparecimento do outro. Todavia, não adquiriu, através de toda a sua experiência, qualquer ideia, qualquer conhecimento do poder secreto pelo qual um dos objectos produz o outro; e não é através de qualquer exercício da razão que ele é levado a tirar esta conclusão. Mas é sempre levado a tirá-la; e, mesmo se se convencesse de que o seu entendimento não tem qualquer papel na operação, prosseguiria, no entanto, no mesmo fluxo de pensamento. Há um outro princípio que o leva a extrair uma tal conclusão.

Esse princípio é o costume, o hábito. Porque, todas as vezes que a repetição de uma operação ou de um acto particular produz uma tendência para renovar o mesmo acto ou a mesma operação sem o estímulo de qualquer raciocínio ou exercício da razão, dizemos sempre que essa tendência é resultante do *costume*. Ao usarmos este termo, não estamos a afirmar que apresentámos a causa última de uma tal tendência. Limitamo-nos a apontar um princípio da natureza humana, universalmente reconhecido e bem conhecido pelos seus efeitos. Possivelmente, não podemos levar mais longe as nossas investigações, nem afirmar ter dado a causa desta causa; mas é necessário que nos contentemos com isso como se se tratasse do princípio último que pudéssemos estabelecer para as nossas conclusões tiradas a partir da experiência. Já é bastante satisfatório poder chegar até aí, não devemos exasperar-nos com os limites das nossas faculdades, que não nos levam mais longe. Seguramente, temos pelo menos aqui uma afirmação bastante inteligível, senão uma verdade, quando sustentamos que, após a ligação constante entre dois objectos — calor e chama, por exemplo, ou peso e solidez — somos levados, unicamente pelo costume, a esperar por um quando surge o outro. Parece que esta hipótese é a única que explica a dificuldade; porque tiramos a partir de mil casos uma conclusão que seríamos incapazes de tirar a partir de um único caso, o qual não difere em nenhum aspecto dos precedentes? A razão é incapaz de se dispersar de semelhante forma. As conclusões que tira ao considerar uma circunferência são as mesmas que tiraria ao examinar todas as circunferências do universo. Mas, se se viu um só corpo mover-se sob impulso de um outro, ninguém inferirá que um outro corpo se movimentará sob um impulso análogo. Todas as conclusões tiradas da experiência são, pois, efeitos do costume e não efeitos do raciocínio.

Então, o costume é o grande guia da vida humana. É esse o único princípio que faz com que a nossa experiência nos sirva, é apenas ele que nos faz esperar, para o futuro, uma sucessão de acontecimentos semelhantes aos que tiveram lugar no passado. Sem a acção do costume, ignoraríamos completamente qualquer questão de facto fora do que está imediatamente presente à memória e aos sentidos. Nunca saberíamos como ajustar os meios face aos fins, nem como utilizar os nossos poderes naturais para produzir um efeito. Isso seria, simultaneamente, o fim de qualquer acção, bem como praticamente de toda a especulação. *(Investigação sobre o Entendimento Humano*, secção V.)

EXTRACTOS

3) *O carácter paradoxal da explicação psicológica da ideia de causa*

A ideia de necessidade nasce de uma impressão. Nenhuma impressão trazida pelos sentidos pode originar essa ideia. Esta deve então derivar de alguma impressão interna ou de alguma impressão de reflexão. Não há outra impressão relacionada com o facto, que presentemente nos ocupa, excepto a tendência, resultante do costume, de passar de um objecto à ideia de um outro objecto que habitualmente lhe está associado. Essa é portanto a essência da necessidade. Em resumo: a necessidade é algo que existe no espírito, não nos objectos: é-nos impossível conceber acerca disso uma ideia, por mais remota que seja, se a considerarmos como uma qualidade dos corpos. Ou não concebemos a ideia de necessidade, ou a necessidade é apenas a determinação do pensamento para passar das causas aos efeitos e dos efeitos às causas de acordo com a experiência da sua união.

...Tendo consciência que, de todos os paradoxos que formulei, ou que formularei de seguida, ao prosseguir ao longo deste tratado, o presente paradoxo é o mais violento, e que é apenas à custa de provas sólidas e de raciocínios que posso ter esperança de o fazer aceitar e triunfar sobre os preconceitos arraigados na humanidade. Antes de passarmos a essa doutrina, quantas vezes temos de repetir *que* a simples visão de dois objectos ou de duas acções, mesmo se ligados, nunca nos pode dar a ideia de um poder ou de uma ligação entre eles: *que* essa ideia provém da repetição da sua união: *que* a repetição nada revela ou produz nos objectos, mas que apenas actua sobre o espírito por meio da transição habitual que provoca: *que* essa transição habitual é, então, idêntica ao poder e à necessidade que, consequentemente, são qualidades das percepções e não dos objectos, sendo interiormente sentidos pela alma e não percepcionados nos corpos externos? O espanto acompanha habitualmente tudo o que é extraordinário; e esse espanto transforma-se imediatamente em simpatia ou desdém do mais alto grau, conforme aprovarmos ou desaprovarmos o assunto em causa. Receio muito que, apesar do precedente raciocínio me parecer o mais curto e o mais incisivo que se possa conceber, prevaleça, no entanto, nos leitores em geral a tendência do espírito, fazendo-os ter preconceitos contra a presente doutrina.

Essa tendência contrária é fácil de explicar. É uma constatação comum que o espírito tem muita inclinação para se dispersar pelos objectos exteriores e para associar a esses objectos as impressões interiores que eles provocam, as quais surgem sempre no momento em que esses objectos se revelam aos sentidos. Deste modo, como certos sons e certos odores acompanham sempre, julgamos nós, certos objectos visíveis, naturalmente imaginamos uma associação, mesmo se específica, entre os objectos e as qualidades, se bem que estas não sejam de natureza a poder comportar uma tal ligação e não existam, na realidade, em sítio algum. Mas, falarei disso mais pormenorizadamente a seguir. Entretanto, basta fazer notar que essa mesma tendência é o motivo que nos faz admitir que a necessidade e o poder se encontram nos objectos que consideramos e não no nosso espírito que os tem em atenção; contudo, é-nos impossível conceber a ideia mais remota dessa qualidade, quando não a entendemos como a determinação do espírito para passar da ideia de um objecto à ideia de um outro objecto que habitualmente a acompanha.

Mas, se bem que aí esteja a única explicação plausível que possamos dar acerca da necessidade, a noção contrária está tão bem arraigada no espírito, pelos princípios supra mencionados, que não duvido que muitos leitores considerarão a minha opinião extravagante e ridícula. O quê! A eficácia das causas encontra-se na determinação do espírito! Como se as causas não operassem de modo totalmente independente do espírito e não continuassem a operar mesmo se não existisse qualquer espírito para as contemplar e reflectir a seu respeito. O pensamento pode depender das causas para operar, mas não as causas do pensamento. É inverter a ordem natural e colocar em segundo lugar o que, na realidade, está em primeiro. A toda a operação corresponde um poder que lhe é proporcional; e é necessário situar esse poder no corpo que opera. Se retirarmos o poder a uma causa, é-nos necessário atribuí-lo a uma outra; mas retirá-lo a todas as causas e atribuí-lo a um ser que não tem qualquer espécie de ligação nem à causa, nem ao efeito, excepto através da percepção que dele tem, é algo de rudimentar e insensato, contrário aos mais indiscutíveis princípios da razão humana. (*Tratado da Natureza Humana*, liv. I, 3.ª parte, secção XIV).

4) *Relações entre ideias e conhecimento dos factos*

Todos os objectos da razão humana ou das nossas investigações se podem dividir em dois géneros, a saber, as relações entre ideias e os factos. Ao primeiro tipo pertencem as ciências como a geometria, a álgebra e a aritmética e, de modo conciso, toda a afirmação que se revela, de modo intuitivo ou por demonstração, certa. O quadrado da hipotenusa é igual à soma dos quadrados dos catetos: esta afirmação exprime uma relação entre estas figuras. Três vezes cinco é igual a metade de trinta exprime uma relação entre esses números. Afirmações deste tipo podem ser obtidas unicamente por operações do pensamento, sem depender de nada do que existe no universo. Mesmo se nunca tivessem existido circunferências ou triângulos na natureza, as verdades demonstradas por Euclides conservariam para sempre a sua legitimidade e o seu carácter evidente.

Os factos, que são os segundos objectos da razão humna, não são estabelecidos do mesmo modo; e o carácter evidente da sua verdade, por muito grande que seja, não é de natureza semelhante à precedente. O contrário de um facto qualquer é sempre possível, uma vez que não implica contradição, e o espírito o concebe tão fácil e distintamente como se ele estivesse perfeitamente conforme à realidade. O sol não nascerá amanhã: esta afirmação não é menos inteligível e não implica maior contradição do que a afirmação, o sol nascerá. Procuraríamos, pois, em vão demonstrar a sua falsidade; se, por demonstração, ela se revelasse falsa, implicaria contradição e o espírito nunca a poderia conceber de modo nítido. *(Investigação sobre Entendimento Humano, secção IV.)*

5) *Donde provém a crença na existêntia ininterrupta dos objectos?*

Uma interrupção na aparição aos sentidos não implica necessariamente uma interrupção na existência. Admitir a existência contínua dos objectos ou percepções sensoriais não implica qualquer contradição. Podemos perfeitamente dar livre curso à nossa tendência para admitir essa existência. Quando a semelhança exacta das nossas percepções nos leva a atribuir--lhes a identidade, podemos suprimir a aparente interrupção pela ficção de um ser contínuo, que pode preencher esses intervalos e conservar para as nossas percepções uma identidade completa e perfeita.

Mas, como nós aqui não só imaginamos essa existência contínua como ainda acreditamos nela, a questão é saber donde provém semelhante crença? Esta questão leva-nos à quarta parte deste sistema. Já demonstrei que, em geral, a crença não consiste senão na presença viva de uma ideia; e que uma ideia pode adquirir essa vivacidade através da sua relação com alguma impressão presente. As impressões são naturalmente as percepções mais vivas do espírito; esta qualidade é, em parte, transferida, através da relação, para toda a ideia conjunta. A relação produz uma passagem fácil da impressão à ideia e gera mesmo uma tendência para realizar essa passagem. O espírito desliza tão facilmente de uma percepção para outra, que mal se apercebe da mudança, preservando para a segunda uma parte considerável da vivacidade da primeira. É movido pela impressão viva e essa vivacidade é transferida para a ideia associada, sem grande atenuação no momento da transição devido à facilidade com que esta se realiza e à tendência da imaginação.

Mas, admitam que essa tendência provém de um outro princípio e não dessa relação; evidentemente, deve ter sempre o mesmo efeito, transferindo a vivacidade da impressão para a ideia. Ora, é exactamente o caso presente. A nossa memória apresenta-nos um grande número de exemplos de percepções perfeitamente semelhantes umas às outras, que regressam, a intervalos diferentes de tempo, após interrupções consideráveis. Esta semelhança provoca em nós a tendência para considerar como idênticas essas percepções descontínuas; origina ainda uma tendência para as voltar a ligar por meio de uma presença contínua, a fim de justificar essa identidade e evitar a contradição na qual necessariamente nos envolve, segundo parece, a aparição descontínua dessas percepções. Aqui, temos então a tendência para simular a existência contínua de todos os objectos sensíveis e, como essa tendência provém de certas impressões vivas da memória, ela confere vivacidade à ficção; ou, por outras palavras, faz-nos acreditar na existência contínua dos corpos. Se, por vezes, atribuimos a existência contínua a objectos que nos são completamente novos e de cuja constância e coerência não temos qualquer experiência, é porque o modo como eles se apresentam aos nossos sentimentos se assemelha ao dos objectos constantes e coerentes; essa semelhança é a fonte do raciocínio e da analogia, levando-nos a atribuir qualidades idênticas a objectos semelhantes. *(Tratado da Natureza Humana,* liv. I, 4.ª parte, secção II.)

6) *A identidade pessoal*

Há certos filósofos que imaginam que temos permanentemente a consciência íntima do que chamamos o nosso eu; que

EXTRACTOS

sentimos a sua existência e a sua permanência; e que estamos seguros, mais do que através da evidência de uma demonstração, da sua identidade e simplicidade perfeitas. A mais forte sensação e a mais violenta paixão, dizem eles, em vez de nos desviarem dessa visão, levam, pelo contrário, a estabelecê--la mais firmemente; fazem-nos considerar a sua influência sobre o eu mediante a sua dor ou o seu prazer. Tentar dela fornecer uma prova mais cabal seria enfraquecer a sua evidência já que nenhuma prova pode ser extraída de um facto de que tenhamos tão íntima consciência; e não há nada de que possamos estar seguros, se duvidarmos desse facto.

Infelizmente, todas estas afirmações positivas são contrárias à própria experiência, que se invoca a seu favor; e não temos nenhuma ideia do eu de acordo com a forma que acabamos de aqui expor. Com efeito, de que impressão poderia derivar essa ideia? A essa questão é impossível responder sem contradição ou absurdidade manifesta; contudo, trata-se de uma questão à qual é absolutamente necessário responder, se quisermos que a ideia do eu seja clara e inteligível. Deve haver uma impressão que origina toda a ideia real. Mas o eu, ou a pessoa, não é uma impressão; é aquilo a que supostamente se referem as nossas diversas impressões e ideias. Se uma impressão gera a ideia do eu, essa impressão deve permanecer invariavelmente idêntica ao longo de toda a nossa existência, uma vez que se considera que o eu existe desse modo. Ora, não há nenhuma impressão constante e invariável. A dor e o prazer, as paixões e as sensações sucedem-se umas às outras, nunca existindo todas em simultâneo. A ideia do eu não pode, portanto, ter derivado de nenhuma dessas impressões ou de qualquer outra; consequentemente, uma tal ideia não existe.

Mas, além disso, qual será a sorte de todas as nossas percepções particulares nesta hipótese? São todas diferentes, discerníveis e separáveis umas das outras; podem-se considerar separadamente e podem existir separadamente: de nada têm necessidade para basear a sua existência. De que forma se apresentam então ao eu e de que modo estão em ligação com ele? Pela minha parte, quando penetro mais intimamente no que designo por eu, defronto-me sempre com uma ou outra percepção particular, de calor ou de frio, de luz ou de sombra, de amor ou de ódio, de dor ou de prazer. Nunca posso apreender-me a mim em momento algum, sem uma percepção, e apenas posso observar a percepção. Quando as minhas percepções deixam de operar por algum tempo, como durante um sono tranquilo, durante esse tempo deixo de ter consciência de mim, podendo realmente dizer-se que não existo. Se todas as minhas percepções fossem suprimidas pela morte e eu não pudesse nem pensar, nem sentir, nem ver, nem amar, nem odiar, após a dissolução do meu corpo eu ficaria perfeitamente reduzido a nada e não concebo que mais seria necessário para fazer de mim um perfeito nada. Se alguém pensa, após uma reflexão séria e imparcial, ter adquirido, de si mesmo, um conhecimento diferente, tenho de confessar que deixo de poder discutir com ele. Tudo o que posso conceder-lhe é que, tanto ele como eu estamos na verdade, diferindo neste ponto capital. Talvez ele se possa aperceber de algo simples e contínuo a que chama ele; e, todavia, estou certo de que em mim não existe semelhante princípio (*Tratado da Natureza Humana*, liv. I, 4.ª parte, secção VI.)

7) *Dogmatismo espontâneo e cepticismo reflexivo*

A visão intensa destas múltiplas contradições e imperfeições da razão humana estimulou-me tanto, impulsionou tanto os meus pensamentos que estou pronto a rejeitar qualquer crença e raciocínio, não podendo mesmo considerar uma dada opinião mais provável ou verosímil do que uma outra. Onde estou? E que sou eu? A partir de que causas tirei a minha existência e a que condição regressarei? Quem é o ser de quem tenho de obter favores e quem é aquele cuja cólera devo temer? Que espécie de seres me rodeiam? Sobre quem tenho eu influência e quem a exerce sobre mim? Todas estas questões me confundem e começo a ver-me na condição mais deplorável que se possa imaginar, envolto pela mais profunda escuridão e absolutamente privado do uso de qualquer membro ou de qualquer faculdade.

Felizmente, acontece que, em virtude de a razão ser incapaz de dissipar essas nuvens, a própria Natureza disso se consegue encarregar; cura-me desta melancolia filosófica e desse delírio, quer pelo abrandamento da tendência do espírito, quer através de algum divertimento, quer ainda por meio de uma viva impressão sensível, os quais apagam todas essas quimeras. Janto, jogo ao tric-trac, falo e reúno-me com os meus amigos; e, se após três ou quatro horas de diversão, eu quisesse retomar as minhas especulações, estas parecer-me-iam tão frias, tão rebuscadas e tão ridículas que não conseguiria arranjar coragem para aí penetrar por pouco que fosse.

EXTRACTOS

Encontro-me, pois, absoluta e necessariamente determinado a viver, a falar e a agir como os outros homens face aos assuntos da vida corrente. Mas, apesar da minha inclinação natural e do curso dos meus espíritos animais e das minhas paixões que me conduzem à crença indolente nas máximas gerais do mundo, sinto sempre que a minha precedente disposição subsiste, de tal modo que estou pronto a lançar fogo a todos os meus livros e a todos os meus papéis e a tomar a resolução de nunca mais renunciar aos prazeres da vida por amor à reflexão e à filosofia. Porque esses são os meus sentimentos no humor melancólico que presentemente me governa. Posso ceder, ou antes, é preciso que eu ceda ao curso da Nature»a, submetendo-me aos meus sentidos e ao meu entendimento; e, por meio dessa submissão cega, revelo completamente os princípios e a minha disposição céptica. Mas, segue-se que devo lutar contra o curso da Natureza, o qual me conduz à indolência e ao prazer; que, de algum modo, me devo retirar do convívio e da sociedade dos homens, que é tão agradável; e que devo torturar o meu pensamento com subtilezas e sofismas, mesmo no momento em que não consigo demonstrar a mim próprio o carácter sensato de uma concentração do espírito tão penosa, nem ter grandes perspectivas de chegar, por seu intermédio, à verdade e à certeza? O que é que me obriga a desperdiçar o meu tempo? Para que pode isso servir, quer se trate de um serviço prestado à humanidade ou do meu próprio interesse? Não: se devo ser um idiota, como certamente o são todos os que reflectem e crêem no que quer que seja, as minhas idiotices serão pelo menos naturais e agradáveis. Se luto contra a minha inclinação, terei uma boa razão para lhe resistir: e não serei mais levado a errar através das solidões desoladas e de passagens penosas, tal como até aqui me aconteceu.

Tais são os meus sentimentos de melancolia e de indolência: e certamente devo confessar que a filosofia nada lhes tem a opor: ela confia mais na vitória ante o regresso de uma disposição séria e bastante inspirada do que face à força da razão e da persuasão. Em todos os acontecimentos da vida, devemos sempre conservar o nosso cepticismo. Se acreditamos que o fogo aquece e que a água refresca, é porque nos custa muito mais pensar de outro modo. Ou antes, se somos filósofos, isso deve unicamente acontecer com base em princípios cépticos e em virtude da inclinação que em nós sentimos para nos ocuparmos desse modo. Quando a razão é viva e se combina com dada tendência, é conveniente dar-lhe o nosso assentimento. Quando de nada disso se trata, ela nunca pode ter autoridade para agir sobre nós. (*Tratado da Natureza Humana*, liv. I, 4.ª parte, secção VII).

8) *Paixão e razão*

As paixões só podem ser contrárias à razão na medida em que *se acompanham* de um juízo ou de uma opinião. Segundo esse princípio, que é tão evidente e natural, uma afeição apenas pode ser apelidada de insensata em dois sentidos. Em primeiro lugar, quando uma paixão, como a esperança ou o medo, a melancolia ou a alegria, o desespero ou a confiança, se fundamenta na existência suposta de objectos que, efectivamente, não existem. Em segundo lugar, quando, para despertar uma paixão, escolhemos meios adequados para obter o fim projectado, enganando-nos no nosso juízo acerca das causas e dos efeitos. Se uma paixão, não se baseia numa falsa suposição e se não escolhe meios inadequados para atingir o fim, o entendimento não pode nem justificá-la, nem condená-la. Não é contrário à razão preferir a destruição do mundo inteiro a um arranhão no dedo. Não é contrário à razão que eu escolha arruinar-me completamente para evitar a menor indisposição a um índio ou a alguém que me é perfeitamente desconhecido. É igualmente pouco contrário à razão preferir ao meu maior bem pessoal, um bem reconhecido como menor e amar mais ardentemente este do que aquele. Um bem vulgar pode, devido a certas circunstâncias, produzir um desejo superior àquele que provém do maior e mais apreciável prazer: e nada há de mais extraordinário do que ver, na mecânica, o peso de uma libra soerguer um outro peso de cem libras, graças à sua posição vantajosa. Em resumo: uma paixão deve ser acompanhada de qualquer juízo falso para ser insensata; mesmo então não é, propriamente falando, a paixão que é insensata, mas o juízo.

As consequências são evidentes. Visto que uma paixão nunca pode, em nenhum sentido, ser apelidada de insensata, excepto quando se funda numa suposição errada ou quando opta por meios inadequados para atingir o fim projectado, é impossível que a razão e a paixão se possam alguma vez opor, entre si, disputando o comando da vontade e dos actos. No próprio momento em que nos apercebemos do erro de uma suposição ou da insuficiência de certos meios, as nossas paixões cedem à nossa razão sem qualquer oposição.

EXTRACTOS

Posso desejar um fruto porque considero que o seu sabor é excelente, mas se me convencerem do meu erro, deixo de o desejar. Posso querer realizar certas acções enquanto meios de obter um bem desejado; mas, como a minha vontade destas acções é apenas secundária, baseando-se na suposição de que essas acções são as causas do efeito projectado, desde que eu descubra o erro dessa suposição, essas acções tornam-se-me indiferentes. (*Tratado da Natureza Humana*, liv. II, 3.ª parte, secção III).

9) O fundamento da moral

Considerem uma acção reconhecida como viciosa: um assassínio premeditado, por exemplo. Examinem-na sob todos os aspectos e vejam se conseguem descobrir essa questão de facto, essa existência real a que chamam vício. Seja qual for a perspectiva sob que a considerem, apenas encontram certas paixões, certos motivos, certos desejos e certos pensamentos. Não há outros factos neste caso. O vício escapa-se-nos completamente enquanto o consideramos como objecto. Não o podemos descobrir até ao momento em que dirigimos a nossa reflexão para o nosso próprio coração e descobrimos um sentimento de desaprovação que em nós nasce a propósito dessa acção. Eis um facto. Mas, ele é objecto da consciência e não da razão. Encontra-se em vós e não no objecto. De tal modo que, quando afirmam que uma acção ou uma pessoa são viciosas, querem simplesmente dizer que, sob o efeito da vossa constituição natural, experimentam, ao considerá-las, um sentimento de desaprovação. Pode, pois, comparar-se o vício e a virtude aos sons, às cores, ao calor e ao frio, que, segundo a filosofia moderna, não são qualidades dos objectos, mas percepções do espírito: esta descoberta para a moral, tal como a outra descoberta para a física, deve olhar-se como um progresso considerável das ciências especulativas; contudo, tal como a outra descoberta, ela pode ou não ter influências na prática. Nada pode ser mais real, nada nos pode interessar mais do que os nossos próprios sentimentos de prazer e de dor; se esses sentimentos são favoráveis à virtude e desfavoráveis ao vício, nada mais pode ser exigido para regular a nossa conduta e os nossos costumes.

Não posso impedir-me de acrescentar a estas reflexões uma observação que, sem dúvida, pode ter certa importância. Em todos os sistemas da moral com que deparei até aqui, observei sempre que o autor, durante algum tempo, procede de acordo com a forma habitual de raciocinar, quer quando estabelece a existência de Deus, quer quando faz observações sobre a condição humana; depois, repentinamente, em vez das cópulas *é* ou *não é,* habituais nas proposições, tenho a surpresa de apenas encontrar proposições nas quais a ligação é feita através de *deve* ou *não deve.* Esta mudança é imperceptível; mas, é no entanto, da maior importância. Com efeito, como esse *deve* ou esse *não deve* exprimem uma nova relação e uma nova afirmação, é necessário que sejam explicadas e que, simultaneamente, se explique o que parece totalmente incompreensível, como é que esta nova relação se pode deduzir de outras relações que são inteiramente diferentes dela. Mas, uma vez que os autores não têm habitualmente esta precaução, tomarei a liberdade de a recomendar aos leitores, e estou persuadido de que esta ligeira atenção destruirá todos os sistemas correntes de moral, revelando-nos que a distinção entre o vício e a virtude, não se baseia unicamente nas relações entre objectos, e que não é percebida através da razão.

...A moral é, pois, mais sentida do que propriamente julgada; contudo, essa consciência ou esse sentimento é habitualmente tão suave e tão ténue que somos levados a confundi-lo com uma ideia, de acordo com o nosso hábito corrente de considerar idênticas as coisas que têm uma grande semelhança entre si.

A questão seguinte é saber de que natureza são essas impressões e de que modo actuam sobre nós. Aqui não podemos hesitar por muito tempo, mas devemos afirmar que a impressão proveniente da virtude é agradável, e a que provém do vício é desagradável. A experiência convence-nos constantemente disso. Não há espectáculo mais belo nem mais sedutor do que o de uma acção nobre e generosa; não há algo que desperte em nós maior repulsa do que uma acção cruel e traiçoeira. Nenhum gozo iguala a satisfação que recebemos da companhia de pessoas que amamos e estimamos; e a maior de todas as punições é sermos forçados a passar a nossa existência ao lado de pessoas que odiamos ou desprezamos. Mesmo uma peça de teatro ou um romance podem fornecer-nos exemplos do prazer que a virtude nos dá e da mágoa provocada pelo vício.

Ora, uma vez que as impressões distintivas, que nos levam a conhecer o bem moral ou o mal, apenas são dores ou prazeres particulares, segue-se que, em todas as investigações a propósito dessas distinções morais, bastará mostrar os prin-

cípios que nos provocam satisfação ou mal-estar face a um
carácter, para nos darmos por satisfeitos acerca da questão
de saber porque é que esse carácter é digno de louvor ou de
censura. Uma acção, um sentimento ou um carácter, é virtuoso ou vicioso. Porquê? Porque a sua vista provoca um
prazer ou um mal-estar de um género particular. Ter o sentido
da virtude nada mais é do que *experimentar* uma satisfação de
um género particular face à contemplação de um carácter.
É mesmo este *sentimento* que constitui o nosso elogio ou a
nossa admiração. Não vamos mais longe; não buscamos a causa
dessa satisfação. Não inferimos que um carácter é virtuoso
por ele agradar; mas, ao sentirmos que agrada dessa forma
particular, sentimos efectivamente que é virtuoso. É algo de
idêntico aos nossos juízos acerca de toda a espécie de belezas,
gostos e sensações. A nossa aprovação está compreendida no
prazer imediato que estes nos fornecem. *(Tratado da Natureza
humana,* liv. III, 1.ª parte. secção I.)

10) *O suicídio e a providência*

Para demonstrar que o suicídio não é uma transgressão
do nosso dever perante Deus, talvez bastem as considerações
que se seguem. Com o objectivo de governar o mundo material, o Criador Todo-Poderoso estabeleceu leis gerais e imutáveis pelas quais todos os corpos, do maior planeta à mais
pequena partícula de matéria, são mantidos na sua esfera e
dentro das suas funções próprias. Para governar o mundo
animal, ele dotou todas as criaturas vivas de poderes físicos e
mentais: sensações, paixões, apetites, memória e juízo, que
determinam ou regulam o seu comportamento ao longo do
curso da vida a que estão destinados. Esses dois princípios
distintos, que governam o mundo material e o mundo vivo
sobrepõem-se continuamente um ao outro, entravando ou
favorecendo as suas acções recíprocas. Os poderes do homem
e dos outros animais são limitados e orientados pela natureza
e pelas qualidades dos corpos circundantes; e os movimentos
e as acções desses corpos são incessantemente modificados
pelas operações de todos os animais. O homem é detido pelos
cursos de água, na sua passagem, e os rios, quando orientados
de modo adequado, comunicam a sua força a máquinas que
estão ao serviço do homem. Mas, se bem que os domínios
dos poderes da matéria e dos poderes dos seres vivos não
sejam mantidos totalmente separados, daí não resulta desar-

monia ou desordem na criação; pelo contrário, da mistura, da união, do contraste entre os diversos poderes da matéria inerte e das criaturas vivas resulta essa simpatia, essa harmonia, esse acordo que fornece a mais segura prova acerca da Suprema Sabedoria. A Providência divina não se revela imediatamente em cada operação, mas tudo governa por intermédio dessas leis gerais e imutáveis que foram estabelecidas desde o início dos tempos. Num dado sentido todos os acontecimentos se podem considerar como a acção do Todo-Poderoso; todos provêm dos poderes com que ele dotou as suas criaturas. Uma casa que desaba sob o seu próprio peso não é nem mais nem menos destruída pela Providência do que uma outra que é demolida por mãos humanas, já que as faculdades do homem não são menos a obra da Providência do que as leis do movimento e da gravitação. O jogo das paixões, a decisão do juízo, a obediência dos membros, tudo é operação de Deus; e, por meio dos princípios que regem os seres vivos, bem como por aqueles que regulam os corpos inertes, é ele que estabelece o governo do universo... Não há nenhum acontecimento — por muito importante que seja aos nossos olhos — que Deus tenha subtraído às leis gerais que governam o universo ou que Ele tenha reservado para a sua acção particular. O colapso dos Estados, dos Impérios depende assim do mais pequeno capricho da paixão de alguns indivíduos; e a vida dos homens é abreviada ou prolongada em função do mais pequeno incidente atmosférico ou do regime alimentar, do sol ou do temporal... Como, por um lado, os elementos e as outras partes inanimadas da criação realizam as suas funções sem cuidarem do interesse particular e da situação dos homens, estes, por sua vez, estão entregues ao seu próprio juízo, à sua decisão pessoal, nos diversos conflitos da existência, tendo o direito de fazer uso de cada uma das faculdades de que estão dotados para satisfazer as suas exigências de conforto, de felicidade e de conservação. Qual é, então, o significado do princípio segundo o qual um homem que, cansado da vida, prostado pela dor e pelo infortúnio, corajosamente vence todos os temores naturais perante a morte e se evade deste teatro desumano — incorreria na indignação do seu Criador ao sobrepor-se ao papel da divina Providência e ao perturbar a ordem do universo? Pretendemos nós que o Todo-Poderoso reservou para si — como se de um domínio particular se tratasse — o direito de dispor das vidas humanas e não subordinou este evento do mesmo modo que os outros, às leis gerais pelas quais o universo é governado? Isso é completamente falso, porque a vida dos homens depende das mesmas leis que a vida dos outros animais; todas estão sujeitas às leis gerais da matéria e do movimento...

Uma vez que a vida dos homens depende, para todo o sempre, das leis gerais da matéria e do movimento, será um criminoso aquele que dispõe da sua própria vida...? Isso parece absurdo. Qualquer acção, qualquer movimento humano introduz algo de novo no funcionamento regular de alguns elementos da matéria e desvia as leis gerais do movimento do seu curso habitual. Ao extrairmos estas conclusões, apercebemo-nos que a vida humana depende dessas leis gerais e que não há qualquer usurpação do poder da Providência quando aquelas são desviadas ou alteradas; e não é essa a consequência da livre disposição por parte de cada um da sua própria vida?

...Para demolir a evidência desta conclusão, deveríamos fazer valer uma razão que nos permitisse abrir excepções em relação ao caso particular do suicídio. Será porque a vida humana tem uma tão grande importância que seria presunçoso confiar a sua disposição ao juízo humano? Mas a vida de um homem não tem maior importância para o universo do que a vida de uma ostra... E se a disposição da vida humana fosse tão rigidamente atribuída ao domínio reservado do Todo--Poderoso, a ponto de os homens ultrapassarem os seus direitos ao dela disporem livremente, então seria tão criminoso agir para salvar uma vida como para a destruir. Se desvio uma pedra que me vai cair em cima da cabeça perturbo o curso da natureza e invado o domínio reservado ao Todo-Poderoso prolongando a minha vida para lá da duração que... lhe foi consignada.

Uma mosca, um insecto são capazes de destruir esse ser poderoso cuja vida seria tão importante! É então absurdo supor que a sabedoria humana pode legitimamente dispor do que depende de causas insignificantes a esse ponto? Não seria criminoso da minha parte desviar o Nilo ou o Danúbio, se eu fosse capaz de concretizar tais projectos. Qual seria, então, o crime de desviar um pouco de sangue do seu curso natural?

Não ensinam que, quando me acontece uma desgraça, mesmo se devido à malevolência dos meus inimigos, é meu dever resignar-me aos desígnios da Providência? E que as acções dos homens são as operações do Todo-Poderoso, do mesmo modo que as acções dos seres inanimados? Então, se eu me matar com um golpe da minha própria espada, é de facto das mãos da divindade que recebo a minha morte, tal como se a morte me atingisse devido a um leão, a um precipício ou a uma febre. *(Ensaio sobre o Suicídio).*

11) *O determinismo dos actos humanos concilia-se melhor com as exigências morais do que a teoria do livre-arbítrio*

Não há método de raciocínio mais comum, nas discussões filosóficas, — não havendo, todavia, outra mais censurável — do que procurar refurtar uma hipótese, mediante o perigo das suas consequências para a Religião e a Moral. Quando uma opinião leva a conclusões absurdas, é certamente falsa; mas não é correcto considerar falsa uma opinião em virtude do que ela contenha de perigoso nas suas consequências. Devemos, pois, evitar absolutamente semelhantes lugares comuns, porque em nada servem à descoberta da verdade; servem unicamente para tornar odiosa a pessoa de um adversário. Esta chamada de atenção, faço-a em termos gerais, sem pretender daí tirar proveito. Submeto-me sinceramente a um exame deste género e atrevo-me a afirmar que as duas doutrinas — da necessidade e da liberdade — tal como estão acima expostas, não somente se conciliam com a moral como são absolutamente essenciais para a manter.

A necessidade pode definir-se de duas formas, as quais correspondem às duas definições de *causa,* de que ela constitui uma parte essencial. Ela consiste, quer na constante associação entre objectos semelhantes, quer nas ilações realizadas pelo entendimento a partir de uns objectos para outros. Ora, a necessidade, nesses dois sentidos (os quais vão certamente, no fundo, dar ao mesmo), toda a gente reconheceu — embora tacitamente — nas escolas, no púlpito e na vida comum, que é do domínio da vontade humana; nunca ninguém pretendeu negar que não pudéssemos tirar ilações a propósito das acções humanas, e que essas ilações não se fundamentassem na experiência da união de actos semelhantes com motivos, inclinações e circunstâncias semelhantes. Pode divergir-se acerca de um único ponto: o da possível recusa em dar o nome de necessidade a essa propriedade dos actos humanos; mas, a partir do momento em que se compreende o seu sentido, tenho esperança que a palavra não seja suceptível de causar qualquer perturbação, ainda que se sustente que é possível descobrir algo mais nas operações da matéria. Mas esse ponto, é necessário admiti-lo, não pode ter quaisquer consequências para a Moral

EXTRACTOS

ou para a Religião, seja qual for a importância que possa ter para a filosofia natural ou para a metafísica. Podemos enganar-nos aqui ao afirmar que não existe qualquer ideia de uma outra necessidade ou ligação nas acções dos corpos; mas, seguramente, não atribuimos aos actos do espírito nada que cada um não lhes conceda e deva conceder de boa vontade. Não modificamos nenhuma circunstância do sistema ortodoxo aceite no tocante à vontade; apenas o modificamos nas suas circunstâncias relativas aos objectos e às causas materiais. Não pode, pois, existir nada de, pelo menos, mais inocente do que esta doutrina.

Como todas as leis se fundam em recompensas e punições, admite-se como princípio básico que esses motivos têm uma acção regular e uniforme sobre o espírito e, simultaneamente, produzem as boas acções e evitam as más. Podemos dar a essa acção o nome que nos aprazer; mas, como ela está habitualmente associada à acção, é necessária considerá-la como a *causa* e considerá-la como um exemplo da necessidade que aqui queremos estabelecer.

O único objecto próprio do ódio ou da vingança é uma pessoa, uma criatura dotada de pensamento e de consciência; quando actos criminosos ou injustos despertam esta paixão, é unicamente pela sua relação com uma pessoa, pela sua ligação com ela. Os actos são, por sua própria natureza, temporários e perecíveis; e quando não provêm de qualquer *causa* existente no carácter e nas disposições do homem que os realiza, não podem contribuir para aumentar, nem a sua honra quando são bons, nem a sua infâmia quando são maus. Os actos em si podem ser censuráveis podem ser contrários a todas as regras da Moral e da Religião; mas a pessoa não é por isso responsável e, como os actos não provêm de nada que nela seja duradouro e constante, não deixando atrás deles nada dessa natureza, é impossível que a pessoa possa tornar-se, devido a eles, objecto de uma punição ou de uma vingança. Assim, em conformidade com o príncipio que nega a necessidade e, consequentemente, as causas, um homem é tão puro e sem mácula após ter cometido o mais horrível crime, como no primeiro momento do seu nascimento; e o seu carácter em nada é afectado pelas suas acções, uma vez que estas não provêm dela e que a malignidade de umas nunca pode servir de prova da corrupção da outra.

Não se censuram os homens por acções que realizam involuntária e acidentalmente, quaisquer que sejam as consequências que daí possam advir. Porquê? Porque os princípios dessas acções apenas são temporários e se concretizam por si só. Censuram-se menos os homens por acções que realizam à pressa e sem premeditação do que por acções que resultam de uma deliberação. Por que razão? Não é verdade que a percipitação do carácter, embora sendo uma causa e um princípio constante no espírito, apenas actua intercaladamente e não corrompe todo o carácter? E, além do mais, o arrependimento apaga todos os crimes se for acompanhado por uma mudança na vida e nos costumes. Como se pode explicá-lo? Unicamente afirmando que as acções tornam uma pessoa criminosa na medida em que se constituem em provas de existência de princípios criminosos no espírito; quando uma mudança desses princípios faz com que cessem de ser justas provas, cessam igualmente de ser criminosas. Mas, excepto na doutrina da necessidade, nunca seriam justas provas e, consequentemente, nunca seriam criminosas. *(Investigação sobre o Entendimento,* secção VIII.)

12) *Motivos racionais e móbeis passionais do teísmo*

A doutrina de um Deus supremo, criador da natureza, é muito antiga. Expandiu-se em países vastos e bastante povoados, e aí foi adoptada por pessoas de todas as classes e de qualquer condição. Todavia, todo aquele que pensasse que essa doutrina deveu o seu sucesso à força decisiva de razões verdadeiramente invencíveis sobre as quais ela inequivocamente se fundamentaria, demonstraria com isso ter um conhecimento bastante deficiente da ignorância e da estupidez do povo, bem como dos incuráveis preconceitos que o prendem às suas superstições. Mesmo nos nossos dias, e na Europa, perguntem ao homem comum porque acredita ele num Criador Todo-Poderoso: nunca invocará a beleza das causas finais, as quais ignora completamente. Não estenderá a mão convidando-vos a admirar a maleabilidade e a diversidade das articulações dos dedos, perfeitamente flexíveis do mesmo lado, o equilíbrio existente entre o polegar e os restantes dedos, a suavidade das partes carnudas no interior da mão, e todas as condições que fazem desta parte do corpo algo de perfeitamente adaptado à respectiva função. É que ele está, desde há muito, habituado a tudo isto; vê tudo isto sem lhe prestar grande atenção, com total indiferença. Mas o homem comum falar-vos-á da morte súbita e surpreendente de dada pessoa, da queda e das contusões de uma outra, da tremenda seca

EXTRACTOS

em dada estação, do frio e das chuvas ao longo de uma outra. Eis o género de acontecimentos que ele atribui à operação directa da Providência. Tais acidentes que, para os filósofos que raciocinam bem, constituem as maiores dificuldades contra a tese de uma Inteligência suprema, são para o homem do povo os únicos argumentos em seu favor. *(História Natural da Religião*, chap. VI.)

13) *A prova da existência de Deus pela finalidade (discurso de Cleantes)*

Imagine, pois, que entra na sua biblioteca, repleta de volumes de ciência natural, contendo a razão mais subtil e a mais apurada beleza: ser-lhe-ia de algum modo possível abrir um deles e duvidar que a sua causa original não apresenta a mais forte analogia com o espírito e a inteligência? Quando ele reflecte e discorre, quando discute, artgumenta, faz valer os seus pontos de vista e as suas teorias, quando se dirige ora ao puro intelecto, ora aos afectos, quando elabora, organiza e ornamenta toda a consideração adequada ao assunto, poderia persistir em sustentar que tudo isso, no fundo, não tem significação real, e que a primeira elaboração desse volume pelo seu criador original não provém de um pensamento nem de um desígnio? A sua obstinação, sei-o, não atinge esse grau de tenacidade: até os seus gracejos e a sua céptica jovialidade ficariam confundidos diante de algo tão manifestamente absurdo.

Mas se há alguma diferença, Fílon, entre esse suposto caso e o caso real do universo, ela é favorável a este último. A anatomia de um animal fornece provas bastante mais indubitáveis de um desígnio do que a leitura de Tito-Lívio ou de Tácito; e qualquer objecção que levante no primeiro caso, remetendo-me para um espectáculo tão insólito e tão extraordinário como a formação origianl dos mundos, a mesma objecção aplica-se à suposição da nossa biblioteca sobre o reino vegetal. Assuma, pois, uma posição, Fílon, sem ambiguidades nem evasivas: ou bem que afirma que um livro inteligente não é de modo algum a prova de uma causa inteligente, ou bem que admite uma causa semelhante para todas as obras da natureza.

Deixe-me, além disso, notar, continua Cleantes, que esse argumento religioso, longe de ser atenuado pelo cepticismo que tão vincadamente revela, antes adquire por meio dele certa força, tornando-se mais sólido e mais indiscutível. Rejeitar todos os argumentos e todos os raciocínios, de qualquer espécie que sejam, é pretenciosismo ou tolice. Aquilo de que qualquer céptico inteligente se vangloria é unicamente de rejeitar os argumentos incompreensíveis, remotos e subtis, de aderir ao senso comum e aos evidentes instintos da natureza, e de dar o seu assentimento cada vez que razões, quaisquer que elas sejam, o convençam tão completamente que ele não o possa evitar, a menos que se lhes oponha num esforço violento. Ora, os argumentos a favor da religião natural são manifestamente desse tipo; e apenas a mais perversa e a mais obstinada metafísica os pode rejeitar. Observe o olho, disseque-o; admire a sua estrutura e disposição; e diga-me, de acordo com os seus próprios sentimentos, se a ideia de um criador desse órgão delicado não lhe ocorre imediatamente com uma intensidade semelhante à da sensação. A conclusão mais imediata é, seguramente, a favor de um desígnio; e é necessário tempo, reflexão e estudo para reunir essas objecções, frívolas ainda que abstrusas, que podem manter a ignorância. Quem é que pode, ao considerar os elementos macho e fêmea de cada espécie e a correspondência entre as respectivas partes e instintos, bem como as suas paixões e o curso inteiro das suas vidas, antes e após a geração, não ser forçado a aperceber-se que a propagação da espécie é um objectivo levado a cabo pela natureza? Milhões e milhões de exemplos semelhantes surgem por todo o universo; e nenhuma linguagem pode transmitir uma significação mais inteligente e mais convincente do que a cuidadosa adequação das causas finais. A que ponto de dogmatismo cego, é pois, necessário ter-se chegado para rejeitar argumentos tão óbvios e persuasivos? *(Diálogos sobre a Religião Natural, 3.ª parte).*

14) *A finalidade não é uma providência*
    (discurso de Fílon)

Porque existe, por pouco que seja, infortúnio no mundo? Não é certamente por acaso. É, pois, por algum motivo. Será pela intenção da Divindade? Mas ela é completamente benigna. Será isso contrário à sua intenção? Mas é toda-poderosa. Nada pode abalar a consistência deste raciocínio — tão breve, tão claro, tão incisivo — a não ser afirmando-se que esses temas ultrapassam as capacidades humanas, e que os nossos critérios habituais de verdade e de falsidade não são aplicáveis neste caso: teoria que sustentei do princípio ao fim, mas que, desde o início, rejeitou com desdém e indignação.

Mas consentirei em retirar-me ainda dessa trincheira, porque recuso que alguma vez possa forçar-me a isso; concederei, mesmo segundo o sentido que dá a esses atributos, que a existência da dor ou do infortúnio humanos é *compatível* com a de um poder e de uma bondade infinitas por parte da Divindade: em que é que lhe adiantam todas estas concessões? Uma concordância simplesmente possível não basta. Deve *provar* a existência desses atributos em estado puro, sem combinações nem restrições, em relação aos presentes fenómenos, híbridos e confusos, e unicamente em relação a esses. Empresa plena de esperança! Por muito puros e pouco híbridos que fossem os fenómenos, ainda assim, estando concluídos, seriam insuficientes para a realização desse objectivo. É vantajoso que eles sejam então, além disso, tão díspares e discordantes!

Aqui, Cleantes, sinto-me à vontade na minha argumentação. Aqui, triunfo. Anteriormente, quando discutíamos a respeito dos atributos naturais da inteligência e dos desígnios divinos, necessitava de toda a minha subtileza céptica e metafísica para escapar às suas garras. Em muitos espectáculos do universo e das suas partes — sobretudo destas últimas — a beleza e a conveniência das causas finais impressionam-nos com uma força tão irresistível, que todas as objecções parecem — e eu penso que, efectivamente, são — argúcias e puros sofismas; e não podemos então imaginar como é que alguma vez nos foi possível conceder-lhes algum peso. Mas, não existe espectáculo da vida ou da condição da humanidade, a partir do qual possamos, sem um esforço violento, inferir os atributos morais ou aprender a conhecer essa infinita benevolência, associada a um poder e a uma sabedoria infinitos, que nos é necessário descobrir unicamente pelos olhos da fé. É agora a sua vez de assumir o cansativo posto de comando, sustentando as suas filosóficas subtilezas contra os preceitos claros da razão e da experiência *(Diálogos sobre a Religião Natural,* 10.ª parte).

15) *O mal*

A totalidade ou a maior parte do mal de natureza depende então da conjugação dessas *quatro* circunstâncias: se todas as criaturas vivas fossem incapazes de sentir dor, ou se o mundo fosse administrado por volições particulares, o mal nunca teria penetrado no universo; e se os animais fossem dotados de uma ampla provisão de forças e de faculdades, para além do exigido pela estrita necessidade, ou se as várias forças e princípios do universo fossem exactamente traçados para conservar sempre o temperamento e o justo meio, o mal seria necessariamente bastante escasso em comparação com o que efectivamente experimentamos. Que diremos então face a isto? Diremos que essas circunstâncias não são necessárias e que poderiam ter sido facilmente modificadas na constituição do universo? Essa decisão parece demasiado presumida para criaturas tão cegas e ignorantes como nós. Sejamos mais modestos nas nossas conclusões. Convenhamos que, se a bondade divina — que considero ser uma bondade semelhante à do homem — pudesse ser estabelecida sobre razões aceitáveis *a priori,* esses fenómenos, por muito lamentáveis que fossem, não bastariam para inverter o dito princípio, mas facilmente poderiam, de alguma forma desconhecida, conciliar-se com ele. Mas, não obstante, afirmemos, que como essa bondade não é previamente estabelecida mas deve ser inferida mediante os fenómenos, não existirá nenhum motivo a favor de semelhante inferência quando há tantos males no universo que teria sido tão fácil remediar, para que ao entendimento humano possa ser concedido ajuizar semelhante assunto. Sou suficientemente céptico para admitir que as más aparências, apesar de todos os meus raciocínios, podem ser *compatíveis* com atributos tal como os imaginam: mas, seguramente, elas nunca poderiam *provar* a existência desses atributos. Semelhante conclusão não poderia resultar do cepticismo: é necessário que ela provenha dos fenómenos e da nossa confiança nos raciocínios que deles deduzimos.

Observe este universo ao seu redor. Que imensa profusão de seres animados e organizados, sensíveis e activos! Admire essa variedade e essa fecundidade prodigiosas. Mas, observe um pouco mais de perto essas existências vivas, as únicas que vale a pena considerar. Quantas delas são hostis e destruidoras umas em relação às outras! Quantas incapazes, sendo tantas, da sua própria felicidade! Quantas desprezíveis ou odiosas para o espectador! O Todo não evoca senão a ideia de uma natureza cega, impregnada de um enorme princípio vivificante, deixando cair do seu regaço, sem distinção ou desvelos maternais, os seus filhos estropiados e mal sucedidos!

Aqui, o sistema maniqueu surge como uma hipótese propícia à resolução do problema; e, sem dúvida, em certos aspectos, ele é muito enganoso, apresentando mais probabilidades do que a hipótese habitual, ao fornecer uma explicação plausível para a estranha combinação de mal e de bem que surge na vida. Mas, se considerarmos, por outro lado, a uniformidade e a harmonia perfeitas das partes do universo, não descortinaremos aí qualquer sinal da luta de um ser maléfico contra um ser benigno. Existe, sem dúvida, uma oposição entre dores e prazeres nos afectos das criaturas sensíveis; mas não se realizam todas as operações da natureza por meio de uma oposição de princípios, entre o calor e o frio, o húmido e o seco, o leve e o pesado? A verdadeira conclusão é que a origem primeira de todas as coisas é inteiramente indiferente a todos esses princípios, não denotando maior preferência pelo bem face ao mal, pelo calor face ao frio, pela aridez ante a humidade ou pelo que é leve face ao que é pesado.

Existem *quatro* hipóteses prováveis no referente às primeiras causas do universo: podem ser dotadas de uma bondade perfeita, possuir uma perfeita malícia, são opostas e possuem ao mesmo tempo a bondade e a malícia, não possuem nem bondade nem malícia. Fenómenos resultantes de uma combinação nunca poderiam provar a existência dos dois primeiros princípios, os quais estão precisamente isentos de mistura. A uniformidade e a constância das leis gerais parecem opor-se ao terceiro. O quarto parece, portanto, ser o mais provável.

...Alto! Alto! — exclama Demeias — Para onde o arrasta a sua imaginação? Aliei-me consigo na perspectiva de demonstrar a natureza incompreensível do Ser divino e de refutar os princípios de Cleantes, que pretendia aferir tudo por meio de uma regra e de um padrão humanos. Mas, presentemente, vejo-o a si lançando-se nos lugares comuns dos maiores libertinos e descrentes, traindo essa causa sagrada que aparentemente tinha abraçado. Será então, secretamente, um inimigo mais perigoso do que o próprio Cleantes? Demorou assim tanto a aperceber-se disso? — respondeu Cleantes — Acredite em mim, Demeias. O seu amigo Fílon, desde o início, não fez senão divertir-se à nossa custa; mas é preciso confessar que o raciocínio pouco sensato da nossa vulgar teologia se prestou bastante bem à sua troça. A total enfermidade da razão humana, a absoluta incompreensibilidade da natureza divina, a imensa e universal miséria e a ainda maior maldade dos homens constituem, certamente, lugares comuns demasiado estranhos para serem compassivamente estimados por eclesiásticos e por doutores ortodoxos. *(Diálogos sobre a Religião Natural,* 11.ª parte).

16) *Não há ser cuja inexistência implique contradição*

O argumento que eu pretendia sustentar — responde Demeias — é o argumento corrente. Tudo o que existe deve ter uma causa ou uma razão da sua existência, sendo absolutamente impossível que o que quer que seja se produza a si mesmo ou seja a causa da sua própria existência. Portanto, indo dos efeitos às causas, ou devemos seguir o curso de uma sucessão infinita, sem nunca chegarmos a nenhuma causa última, ou devemos recorrer, por fim, a alguma causa última que *necessariamente* existe. Que a primeira suposição é absurda, pode--se demonstrá-lo do seguinte modo: na cadeia ou sucessão infinita de causas e de efeitos, cada efeito particular tem a sua existência determinada pelo poder e eficácia da causa que imediatamente o precede; mas a cadeia ou sucessão eterna na sua totalidade, tomada no seu conjunto, não é determinada nem causada por nada; e, no entanto, é evidente que ela requer uma causa ou razão, tal como qualquer facto específico que começa a ter a sua existência no tempo...

...Não deixarei para Fílon — diz Cleantes — ainda que eu saiba que levantar objecções é um dos seus prazeres favoritos, a preocupação de realçar a fraqueza desse raciocínio metafísico. Ele parece-me tão manifestamente mal fundamentado e, ao mesmo tempo, tão pouco relevante para a causa da devoção e da religião autênticas, que me arriscarei a mostrar a sua falsidade.

Começarei por observar que há uma evidente absurdidade em pretender demonstrar uma questão de facto, ou em a provar por meio de argumentos *a priori,* quaisquer que eles sejam. Nada é demonstrável, a menos que o oposto implique contradição. Nada do que é distintamente concebível implica contradição. Tudo o que concebemos como existente, podemos também concebê-lo como inexistente. Não há, portanto, ser cuja inexistência implique contradição. Consequentemente, não há ser cuja existência seja demonstrável. Proponho este argumento como inteiramente decisivo, e consinto de boa vontade em fazer repousar sobre ele toda a controvérsia. *(Diálogos sobre a Religião Natural,* 9.ª parte).

17) *Discurso final de Fílon: cepticismo e religião revelada*

Se o conjunto da teologia natural se resume, como alguns parecem sustentar, numa única e simples afirmação, embora um pouco ambígua ou, pelo menos, indefinida, a saber: *que a ou as causas da ordem no universo provavelmente apresentam alguma remota analogia com a inteligência humana;* se essa afirmação não é susceptível de extensão, de variação ou de explicação mais específica; se não fornece qualquer inferência que afecte a vida humana, ou que possa estar na origem de uma acção ou de alguma abstenção; e se a analogia, imperfeita como é, não pode ser alargada para além da inteligência humana, e não poderia, com o mínimo de aparente probabilidade, ser transferida para as qualidades do espírito; se, com efeito, tal é o caso, que pode fazer o homem mais curioso, mais contemplativo e mais religioso senão dar um assentimento franco e filosófico à proposição, sempre que ela surgir, e acreditar que os argumentos sobre os quais ela assenta o arrastam para as objecções que se lhe opõem? Na verdade, alguma surpresa provirá da grandiosidade do objecto, alguma melancolia da sua obscuridade, bem como certo desdém pela razão humana, dado esta não poder dar solução mais satisfatória no respeitante a uma questão tão extraordinária e tão grandiosa. Mas, creia-me, Cleantes, o sentimento mais natural que um espírito bem disposto deve experimentar nestas circunstâncias é o de uma expectativa e desejo ardentes que prouvera ao Céu dissipar ou, pelo menos, diminuir esta profunda ignorância, oferecendo à humanidade alguma revelação particular, pondo-nos a descoberto algo da natureza, dos atributos e das operações do objecto divino da nossa fé. Uma pessoa penetrada de um justo sentimento das imperfeições da razão natural ansiará pela verdade revelada com a maior veemência, enquanto que o altivo partidário do dogmatismo, persuadido que pode construir um sistema teológico completo recorrendo unicamente à filosofia, desdenhará qualquer outro auxílio e rejeitará essa mestra supérflua. Ser um filósofo céptico é, num homem letrado, o primeiro passo — e o mais essencial — para se tornar num verdadeiro cristão, num crente: afirmação essa para a qual chamaria de boa vontade a atenção de Pânfilo; e tenho esperança que Cleantes me irá perdoar de intervir a este ponto na educação e no ensino do seu pupilo. *(Diálogos sobre a Religião Natural,* 12.ª parte).

18) *Ensaio sobre os milagres*

Suponham, por exemplo, que o facto, que o testemunho procura estabelecer, participa do extraordinário e do maravilhoso; nesse caso, a evidência que resulta do testemunho, revela-se mais ou menos persuasiva consoante o facto em questão é mais ou menos desusado. A razão que nos leva a dar crédito aos testemunhos bem como aos historiadores não se tira de uma *ligação* percebida *a priori* entre o testemunho e a realidade; provém do facto de estarmos habituados a deparar com a conformidade entre eles. Mas, quando o facto atestado é dos que raramente se prestou à nossa observação, produz-se então uma luta entre duas experiências opostas: uma delas destrói a outra na medida da sua força e a experiência mais forte apenas pode operar sobre o espírito por meio do seu acréscimo de força. É exactamente esse mesmo princípio da experiência que nos dá um certo grau de segurança na verificação dos testemunhos, e que, neste caso, igualmente nos dá um outro grau de segurança na contestação do facto que os testemunhos procuram estabelecer; esta contradição gera necessariamente o abalo e a destruição mútua entre crença e autoridade.

Eu não acreditaria em semelhante história, mesmo se fosse Catão a contar-me: trata-se de uma máxima proverbial em Roma, mesmo durante a vida desse filósofo patriota ([1]). Considerava-se que a incredibilidade de um facto podia invalidar uma autoridade assim tão grande.

O príncipe indiano que se recusou a acreditar nos primeiros relatos sobre os efeitos do gelo raciocinava correctamente; era-lhe naturalmente necessário um testemunho muito forte para dar o seu assentimento a factos produzidos por um efeito da natureza que lhe não era familiar e que tinha tão pouca semelhança com os acontecimentos de que tinha tido uma experiência constante e uniforme. Contudo, esses factos não eram contrários à sua experiência; não eram conforme a essa experiência ([2]).

([1]) Plutarco, *Vida de Catão* (H); Catão o jovem, cap. XIX.

([2]) Evidentemente, nenhum indiano poderia ter a experiência de que a água não gela nos climas frios, porque seria situar a natureza num contexto que lhe é inteiramente desconhecido; é-lhe impossível dizer *a priori* o que é que daí resultará. É necessário ter uma experiência nova cujas consequências são sempre incertas. Por vezes, pode-se, por analogia, conjecturar acerca do que se seguirá; mas trata-se ainda somente de conjecturas. E é preciso reconhecer que, no caso presente do gelo, o acontecimento se produz contrariamente às regras da analogia, tratando-se de um

EXTRACTOS

Mas, para aumentar a probabilidade contrária à verificação feita pelos testemunhos, suponhamos que o facto que eles afirmam, em vez de ser somente maravilhoso, é realmente milagroso; e suponhamos igualmente que o testemunho, considerado em si mesmo e à parte, se evidencia como uma prova perfeita; nesse caso, é prova contra prova, sendo necessário que a mais forte prevaleça, mas, não obstante, não sem que a sua força seja enfraquecida proporcionalmente, à da prova contrária.

Um milagre é uma violação das leis da natureza, dado que uma experiência firme e inalterável estabeleceu essas leis, a prova que se opõe a um milagre na sequência da própria natureza do facto, é tão completa quanto qualquer argumento imaginável tirado da experiência. Porque é que é mais do que provável que todos os homens morrerão? Que o chumbo não pode, por si só, permanecer suspenso no ar? Que o fogo consome a madeira e que a água o extingue? Unicamente porque se descobriu que esses fenómenos são conformes às leis da natureza, sendo então necessária uma violação dessas leis, ou, por outras palavras, é necessário um milagre para as impedir de se produzirem. Não se considera que um facto seja um milagre se ele nunca tiver lugar ao longo do curso habitual da natureza. Não é um milagre que um homem, aparentemente de boa saúde, morra de súbito, porque esse tipo de morte, se bem que menos comum do que outro, repetidamente se constatou que tinha lugar. Mas é um milagre que um morto possa regressar à vida, visto que o facto nunca foi

---

tipo de fenómeno que um indiano sensato não poderia esperar. A acção do frio sobre a água não acompanha gradualmente a maior ou menor intensidade de frio; mas, sempre que a água atinge o ponto de congelamento, aquela passa, de um momento para o outro, de um estado líquido em extremo para um estado de perfeita consistência. Pode-se então apelidar de *extraordinário* semelhante acontecimento, sendo necessário um testemunho bastante forte para levar os habitantes de um clima quente a admiti-lo; mas esse acontecimento não é, no entanto, nem milagroso nem contrário à experiência uniforme do curso da natureza em casos onde todas as circunstâncias são as mesmas. Os habitantes de Sumatra sempre viram, na sua região, a água no estado líquido, devendo considerar um prodígio o gelo dos seus cursos de água; mas nunca viram água em Moscóvia durante o Inverno; consequentemente, não podem afiarmar de modo peremptório o que é que daí resultaria (H).

constatado em nenhuma época nem em nenhum lugar. É, portanto, necessário que exista uma experiência uniforme a contestar qualquer acontecimento milagroso, senão este não merece essa designação.

...A máxima, que nos guia habitualmente nos nossos raciocínios, é a de que os objectos de que não temos qualquer experiência se assemelham áqueles de que temos experiência: a de que aquilo que concluímos ser o mais habitual é sempre o mais provável; e a de que onde há oposição de argumentos, devemos dar a preferência aos que se baseiam no maior número de observações anteriores. Mas, se bem que, ao procedermos de acordo com esta regra, facilmente rejeitemos um facto desusado e inacreditável num grau ordinário, não obstante, quando aquele vai mais longe, o espírito nem sempre respeita a mesma regra; quando se afirma um acontecimento extremamente absurdo e milagroso, o espírito mais facilmente admite semelhante facto devido a essa mesma circunstância que deveria destruir toda a autoridade. A paixão da *surpresa* e da *admiração,* que provém dos milagres, é uma emoção agradável; dá-nos igualmente uma tendência perceptível para acreditar nos acontecimentos de que procede. Isso vai tão longe que, mesmo os que não podem desfrutar imediatamente desse prazer e acreditar nesses fenómenos milagrosos que lhes relatam, gostam, porém, de participar dessa satisfação em segunda mão e por ricochete, exercitando o seu orgulho e o seu prazer ao suscitar a admiração de outrém.

...Suponham que todos os historiadores que estudam a Inglaterra concordam em que, a 1 de Janeiro de 1600, a rainha Isabel faleceu; que antes e após a sua morte, os médicos e toda a corte a viram, como é habitual quando se trata de pessoas de semelhante condição; que o Parlamento reconheceu e proclamou o seu sucessor; e que após um mês de inumação, reapareceu, reocupou o trono e governou a Inglaterra durante três anos; devo confessar que me surpreenderia a conjugação de tantas circunstâncias bizarras, mas que não teria a menor inclinação para acreditar num acontecimento tão milagroso. Não duvidaria da sua suposta morte e dessas outras circunstâncias públicas que se lhe seguiram; apenas afirmaria que essa morte foi suposta, que não foi real, que não o podia ser. Objectar-me-iam em vão com a dificuldade e a quase impossibilidade de enganar o mundo num assunto de uma tal importância; com a sabedoria e a grande capacidade de decisão dessa famosa rainha; com as poucas vantagens que lhe poderiam advir de um artifício tão pobre, se é que lhe adviria daí alguma; com

EXTRACTOS

o facto de que tudo isso me poderia surpreender; mas mesmo assim eu replicaria que a astúcia e a tolice humanas são tão comuns que acredito que os acontecimentos mais extraordinários provêm da sua conjugação, em vez de admitir uma tão notável violação das leis da natureza...

...O que dissemos a propósito dos milagres pode aplicar-se sem alterações às profecias; e, certamente, todas as profecias são autênticos milagres, sendo somente como tal que se as pode admitir como provas de uma revelação. Se não estivesse para lá do poder humano predizer os acontecimentos futuros, seria absurdo utilizar uma profecia como um argumento a favor de uma missão divina ou de uma autoridade vinda do Céu. De tal modo que, resumindo, podemos concluir que a religião cristã não é acompanhada por milagres unicamente nos seus começos, mas que, mesmo hoje em dia, nenhum homem sensato consegue acreditar nela sem um milagre. Não basta a razão pura para nos persuadir da sua veracidade; todo aquele que, amadurecido pela fé, é levado a dar-lhe o seu assentimento, está consciente de um contínuo milagre na sua própria pessoa, que subverte todos os princípios do seu entendimento e lhe fornece uma determinação para acreditar no que é o mais contrário ao costume e à experiência.

BIBLIOGRAFIA

1. Em Inglês

Hendel, *Studies on the philosophy of D. Hume*, Princeton, 1925.
A.E. Taylor, *David Hume and the miraculous*, Cambridge, 1927.
J.Laird, *Hume's Philosophy of Human Nature*, Londres, 1932.
Hume and present day problems, Aristotelian Society, suppl., vol. XVIII, Londres, 1939 (4 simpósios sobre a identidade do eu, os conceitos *a priori*, a ética e a religião natural, incluindo artigos de Taylor, de Laird e de Jessop).
Norman Kemp Smith, *Philosophy of David Hume*, Londres, 1941.
D.G.C. Mac Nabb, *David Hume, His theory of Knowledge and Morality*, Londres, 1951.

2. Em Francês

G. Compayré, *La philosophie de D. Hume*, Paris, 1873.
G. Lechartier, *David Hume sociologue et moraliste*, Paris, 1900.
L. Lévy-Bruhl, «Orientation de la pensée de D. Hume», *Revue de métaphysique et de morale*, 1909.
A. Leroy, *Critique et religion chez D. Hume*, Paris, 1931.
Laporte, «Le scepticisme de Hume», *Revue philosophique*, 1933--1934.
G. Berger, «Husserl et Hume», *Revue internationale de philosophie*, 1939.

DAVID HUME

Mélange David Hume, diversos artigos *Revue internationale de philosophie,* Bruxelas, 1952.

Deleuze, *Empirisme et subjectivité,* Paris, Presses Universitaires de France, 1953.

A. Leroy, *David Hume,* Paris, Presses Universitaires de France, 1953.

O. Brunet, *Philosophie et Esthétique chez D. Hume,* Paris, Librairie A.-G. Nizet, 1965.

ÍNDICE

A VIDA ...	9
A FILOSOFIA ...	17
A OBRA ...	43
EXTRACTOS ...	45
1. Ideias e impressões ...	45
2. Origem da ideia de causalidade ...	47
3. O carácter paradoxal da ideia de causa ...	49
4. Relações entre ideias e conhecimento dos factos ...	50
5. A crença na existência ininterrupta dos objectos ...	51
6. A identidade pessoal...	52
7. Dogmatismo espontâneo e cepticismo reflexivo ...	54
8. Paixão e razão ...	56
9. O fundamento da moral ...	57
10. O suicídio e a providência ...	59
11. Determinismo, livre-arbítrio e moral ...	62
12. Motivos racionais e móbeis passionais do teísmo	64
13. A prova de Deus pela finalidade ...	65
14. A finalidade não é uma providência ...	66
15. O mal ...	67
16. Não há ser cuja inexistência implique contradição ...	70
17. Cepticismo e religião revelada ...	70
18. Ensaio sobre os milagres ...	71
BIBLIOGRAFIA ...	77

Composto e impresso
na Tipografia Guerra
para Edições 70
em Novembro de 1984